「うちの会社にはいい人が来ない」と思ったら読む
採用の問題解決

Problem Solving for Recruitment

ワンキャリア取締役CSO
北野唯我

ダイヤモンド社

成果が見えづらく、それでいて雑務が多く、なかなか社内の協力が得づらい。

それが「採用」という仕事だ。

会社にとって最も売上・利益に直結し、他のどんな業務よりも重要で、優先されるべき。それが「採用」という仕事だ。

もしもあなたが、「採用」という難しく、それでいて大切な仕事に少しでも携わっていて、この本を立ち読みで見つけたとしたら。

採用成功の秘伝のタレである「採用の9か条」だけでものぞいてみてほしい。

3000社、180万人のデータから導き出した「いい人、いい仲間に入社してもらう」ための答えが、ここに凝縮されている。

採用成功の秘伝のタレ「採用の9か条」

第1条―タイミングを制する者が採用を制する

第2条―いい人材は固まる。コミュニティをおさえるべし

第3条―新卒採用は、デザイン、オフィス、演出、採用サイトに投資せよ

第4条―求職者理解の徹底を怠るな。ここからジャイアントキリングが生まれる

第5条―企業イメージへの投資を怠るな。特に大量採用の成否はイメージが決める

第6条—初任給、平均年収、ボーナス、家賃補助について人は話したがる。自社を知ってもらうための武器として使え

第7条—人材輩出企業のイメージを一度でも獲得すれば、人々はそれを一生忘れず他人に語る

第8条—徹底的に人間関係を見せよ。社員と社員、上司と部下、自社と他社の関係性こそが、最強のコンテンツになる

第9条—トップの人材は、トップの人材にしか口説けない

この9か条にひとつでも共感したり、気になったりした項目があったなら、続きを読み進めてみてほしい。

この本は必ず、あなたの助けとなるだろう。

はじめに――なぜ新しい「採用手法」が必要なのか

「仲間集め」はサイエンスできる。

本書でひと言だけ覚えて帰ってもらうとしたら、この言葉だろう。

企業の根幹は、人だ。人とは、言い換えると共通目的を持って働く仲間だ。本書は、「人を集める、仲間を集める」仕事をするすべての人たちに向けて書かれている。「人を集める、仲間を集める」仕事――「採用活動」は、経営の根幹に関わり、そして企業にとって最も重要な仕事である。

「やらざるをえない業務」と捉えられがちな採用活動だが、「仲間集め」と言い換えてみると、その仕事の重要性がわかる。自分が何か新しいことを始めたいと思ったとき、頼もしい仲間がいた方が心強いだろう。あるいは、自分が人生の困難にぶつかったとき、たった一人で立ち向かうよりも、一緒に船を漕いでくれる仲間がいた方がはるかに困難を乗り越えやすいだろう。

人生を楽しく、前向きに生きたいと思うすべての人にとって「仲間集めの技術」は身につけておいた方がいいスキルだ。企業にとって、個人にとって、その価値は計り知れない。

しかし実際の現場で企業の採用活動に関わっている人からは、仲間集めの喜びややりがい以上に、苦労や課題が多く聞こえてくる。

「エントリーなどの母集団形成に苦労している」
「内定承諾の一歩手前で競り負けてしまう」
「自社のイメージが古く、本当に欲しい層からエントリーが集まらない」
「経営レイヤーの採用に苦心している」
「企業の根幹は人だが、その重要性が現場に伝わらない」

ざっと挙げただけでも、内容は多岐にわたる。しかも、国内の人口減少の影響もあり、その難易度は年々上がってきている。

さらに、採用の現場には、他の仕事とは異なる特徴的な現象がある。それは「再現性の低さ」だ。現場担当者や責任者が代わると、その企業の採用成果(採用できる人の数や質)がガラッと変わってしまう。これは「仲間集めが、企業活動の中でサイエンス(=科学)されていない」ために起きている、構造的な問題だ。

こうした現状に対して、私が推奨したいのは「新時代の採用手法」だ。長い間、企業ごとにブラックボックスだった「採用活動の全体像」を示し、データにもとづいた「再現可能なマニュアル」を公開する。これが、本書の狙いである。

「若手から支持される」ために採用手法を変えよ

私は普段、採用事業を手掛ける株式会社ワンキャリアの取締役、執行役員として働いている。ワンキャリアは累計3000社以上の企業の採用支援実績があり、累計180万人の求職者の採用に利用されてきた。

特に新卒採用領域では、運営する採用プラットフォーム「ONE CAREER」が急成長中だ。「ONE CAREER」は2020年(2021年卒)から4年連続で、日本

で2番目に学生に支持され、特に東京大学、京都大学では利用率95%以上、全国でも約3人に2人の利用率を誇っている。※

当社と他サービスとの違いを明確に表現するならば、「学生・求職者からの支持」をベースにしている点だ。特に、誰もが企業の「クチコミ」を見られるようにしたことが、我々が業界に起こした最も大きな変化だろう。

・若手は企業に対して何をしてほしいのか
・最終的に若手はどういう企業を選ぶのか

クチコミを通して、これらを徹底的に突き詰めた結果、我々は、これまでの単なる採用プラットフォームとは異なる「新時代の採用サービス」になったと自負している。

我々のクライアントは、時価総額トップの日系大手企業はもちろん、外資系企業、スタートアップ企業、地方有名企業、中小・中堅企業まで、日本全国に広がっている。本書の問題解決法は、採用支援をしてきた3000社以上の企業の実績、登録してくれた18

※「ONE CAREER」調べ。各大学もしくは大学院を卒業するユーザーの、就職者数の総数に対するシェア率。2023年12月末時点の実績。

「ONE CAREER」は学生からの支持で急成長

2019年卒

1位	マイナビ
2位	リクナビ
3位	楽天みん就
圏外	**ONE CAREER**

圏外

2021年卒〜2024年卒

1位	マイナビ
2位 ↑	**ONE CAREER**
3位	リクナビ
4位	楽天みん就

リクナビを抜いて
4年連続
2位

出所：HR総研「HR総研×楽天みん就：2019年卒、2021年卒〜2024年卒学生の就職活動動向調査　結果報告」

「ONE CAREER」求職者会員数の推移

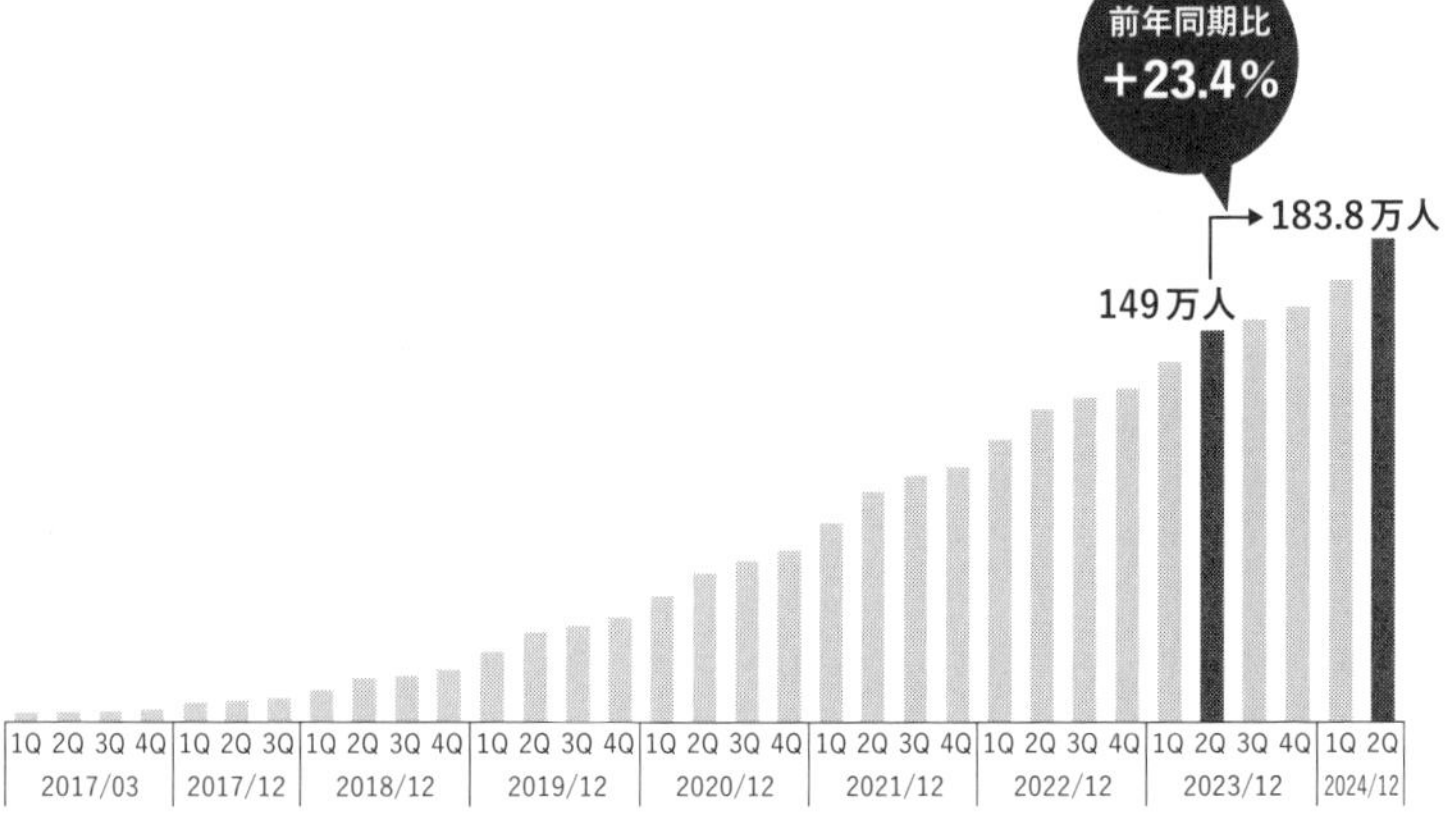

※ONE CAREERに会員登録を行い、ONE CAREERのサービス利用履歴がある求職者会員数を指す（退会者を除く）。

0万人の求職者のデータをベースにつくられている。

ではなぜ、今の時代に合った「新しい採用手法」が必要になったのか。なぜ、我々のような後発のサービスが、求職者から支持されているのか。その理由の背景も含めて時代変化を整理していきたい。

①求職者の価値観の変化：「転職が普通」の新世代

ひとつ目は若い人（特に20代）の価値観の変化である。

働くことへのモチベーション、就労感はいつの時代にも変わり続ける。消費者や生活者の価値観が常に変わるように、求職者のニーズも変わる。

特に、今の若い世代は、「転職が普通」の世界で育ってきた。新卒で入社した会社を「転職するためのファーストキャリア」と割り切る人も少なくない。加えて、タイムパフォーマンス（タイパ）にもシビアだ。ＡＩを使った広告やメディアが、1秒を奪い合うために熾烈な競争を繰り広げてきたため、時間に対しての感覚が厳しい。

さらに、労働環境に対して求める基準も変化してきていることが直近の調査でもわかっている。[※]外部調査で、新卒学生は「個人の生活と仕事を両立させたい」「楽しく働きたい」

という傾向を示す最新のデータもある。採用活動を成功させるには、この価値観の変化に対応する必要がある。

②経済環境の変化：「入口から」の年収格差

2つ目は「経済環境の変化」。正確には「人口減少社会での競争環境の激化」だ。若年層のパイは減り続けている一方で、高年収を提示する外資系企業が日本の採用マーケットに続々と参入している。加えて、国内のインフレに伴って賃上げ環境が整い、ITメガベンチャーを中心に、初任給時点で非常に魅力的なオファーを出せる企業も増えてきた。

求職者視点からすると、入口で大きな差がつく状況になっている。日本企業と外資系企業ではそもそも提示している年収に差がありすぎて、「ライバルとして比較さえしてもらえない」という状況すら起きているのだ。さらに近年の円安の影響でこの差は加速してきている。

※ https://career-research.mynavi.jp/reserch/20240416_74092/

「採用の常識」を変えた3つの時代の変化

求職者の価値観の変化	・**Z世代の価値観**：いわゆる「タイパ」にシビアで、認知を獲得するのが非常に難しい ・**転職前提時代**：嫌なら辞める、転職すればいいという前提なので、より共感されるマッチングが重要
経済環境の変化	・**人口減少と外資の参入**：若年層のパイは減り続けているにもかかわらず、高年収の外資が日本採用マーケットに参入している（例:半導体、コンサルティングファーム） ・**インフレ・賃上げ環境**：これまでの新卒採用と違い、入口（初任給時点）で大きな差がつきつつある（例：ITメガベンチャー）
情報インフラの変化	・**情報の透明性**：企業のクチコミ情報が検索され、オープンな世界になった。そのため、企業イメージを小手先施策やCMだけで構築するのは厳しくなった

③情報インフラの変化：社員体験・選考体験が「透明化」

最後の3つ目が「情報インフラの変化」。

企業の社員・元社員によるクチコミ情報が自由に検索されるようなオープンな世界になった。言い換えると、企業イメージをCM、広告だけでつくるのは難しい時代になった。

投資金額の多い企業だけが有利という時代もまた終わったということだ。当社の「ONE CAREER」などのサービスが学生や若手の転職者から圧倒的な支持を得ている理由も、「企業の建前ではなく生の声を聞きたい」という彼ら、彼女らのニーズに応えているからに他ならない。

ここまで大きな変化が起きているにもかかわらず、10年前と同じ採用手法を続けている企業がとても多い。私が知る限り、地方も含めると8割以上の会社がこの変化に対応できていない。あるいは、変化が起きたことさえ意識できていない。こうした状況では、「若手が採用できない」「いい人が来ない」という問題が起こるのは、当然のことなのだ。

では、3つの変化（求職者の価値観、経済環境、情報インフラ）の中で、企業はどのようにサバイブしていけばいいだろうか。そして、新しい採用手法とは何か。具体的に見ていくことにしよう。

[目次]

はじめに――なぜ新しい「採用手法」が必要なのか　8

第1部　理論編

第1章　採用の「ゴールと全体像」

人が自動で集まってくるのは「儲かって、企業イメージが強い会社」――34

「やりたいことはたくさんあっても人が集まらない」　34

企業イメージはあらゆる人事課題を解決する　37

給与だけでなく企業イメージが重要な2つの理由――40

理由①　いい人を大量に素早く集められる　40

理由②　危機になると「お金」だけで人は動かない　42

「儲かって、企業イメージが強い会社」3つのパターン ― 44
人が企業を見る「3つのメガネ」 44
キーエンス、サントリー、リクルートの強さ 45
企業イメージ ＝ 評判 × 認知率 ― 50
企業イメージは「データ」で見られるようになった 50
「評判が良いか、認知率が高いか」どちらかをまず目指せ 51
「採用活動」の全体像をおさえよ ― 56
採用活動とは「採用の土台」を踏まえて「戦略」を立て、手法を「改善」すること 56

第2章 どの会社にも共通する「採用の法則」

自社の「事業特性」を客観的に分析する ― 60
「事業サイクル」は長いか短いか、「産業の歴史」は新しいか古いか 60
人事ポリシーと採用すべき人材要件が変わる 62
採用戦略の憲法「人事ポリシー」を言語化する ― 64
人事ポリシー作成のための「超シンプルなフレームワーク」 64

人事ポリシーは事業特性と経営者の思想で決まる　67
人事ポリシーは採用戦略に影響を与える　71
人事ポリシー作成で考えるべき5つの問い　71

第3章　自社の「採用課題」を見つける

「採用機能ポートフォリオ」で全体を見る　78
どこに機能不全があり、どこが満たせているか　78
課題を正確に把握すべき2つの理由　82
「優先順位と担当者」を決める　84
「誰が取り組むか」「一緒に取り組むか」を整理する　84
スタートアップの「エグゼクティブ採用」は必ずトップが担当せよ　87
スタートアップの生死を分ける採用　87
放っておくと組織は「左側」に偏る　88
「利用するサービス」を決める　91
外部サービスの選び方、4つのポイント　91

チェックリスト：自社の採用機能ポートフォリオをつくる　93

「採用競合企業」を設定する　95
「どの会社がライバルか」を設定すると自社の課題が見えてくる　95
三井住友フィナンシャルグループの競合はコンサルファーム　96
「現状ベース」「あるべき論ベース」で考える　97

第2部　実践編

第4章　「企業イメージ」の問題解決　企業イメージがない、弱い、悪い

企業イメージとは何か　104
企業イメージを構成する「体験資産」と「メディア資産」　104

ステップ①「質的ゴール」を決める
「自社がどう見られたいか」を考える　110
企業イメージは４つのステップで構築できる　110

ステップ②「フェイズ」を決める
企業イメージのビルド期、メンテナンス期、チェンジ期 114
フェイズごとにやるべきことが違う 114
同業他社と比較すると「自社のフェイズ」がわかる 118
ステップ③「体験施策」を設計する
企業イメージの縦軸を上げる「体験施策」 119
体験施策：説明会・インターンシップ体験、選考体験、社員体験 119
「候補者エクスペリエンス」を向上させよ 122
ステップ③「体験施策」を設計する
社員体験の価値を言語化する 124
「自社のことを、もしひと言で覚えてもらうとしたら？」 124
社員体験の価値6つのパターン 126
ステップ③「体験施策」を設計する
なぜその価値が重要なのかを言語化する 128
課題とセットで考える 128

ステップ③「体験施策」を設計する

価値の根拠になる社内事例やデータを集める 130

RTB（Reason to Believe）を探せ 130

年収、労働時間データ、働く人……すべてが根拠になる 131

ステップ③「体験施策」を設計する

企業イメージは「数字」でつくれる 133

「年収1000万円」には翻訳不要の魅力がある 133

エムスリーはGAFAMに、いかにして並んだか 134

ステップ③「体験施策」を設計する

現場から、ボトムアップで企業イメージをつくる方法 136

予算が限られていてもできる3つのこと 136

インターンシップ、自社採用サイト、会社説明資料をつくる 138

ステップ③「体験施策」を設計する

クチコミの点数は最大6倍の効果を生む 142

クチコミが「母集団形成」の効率を決めるようになった 142

クチコミの点数で最大6倍、件数で最大9倍のエントリー数 144

ステップ④「コンテンツポートフォリオ施策」を設計する
横軸のスコアを上げる「コンテンツポートフォリオ施策」 150
メディア施策は「ポートフォリオ管理」 150
ステップ④「コンテンツポートフォリオ施策」を設計する
どんなコンテンツをどんなフォーマットで出すか 156
事業理解コンテンツ：他社と違う自社の強みを見せる 156
社員・社風理解コンテンツ：どんな人がどんなふうに働いているかを見せる 158
職種理解コンテンツ：職種や事業部単位で仕事内容を細かく見せる 161
対談で「関係性」を見せた成功例：グッドパッチ、ワンキャリア 166
企業イメージづくりは新卒採用から始まる 168
マッキンゼーや三井物産のイメージは、新卒時から 168
企業イメージを変える 170
企業イメージを変える＝競合を変えること 170
「ギャップ萌え」を生み出せ 172
コンサルティングファーム「ギャップ萌え」の成功例 173
コラム　企業イメージが「ない会社」6つの欠陥 175

第5章 ―「採用現場」の問題解決 目先の仕事に追われている

採用力を改善するサイクル「採用大解剖図」 ―― 182

なぜ「採用大解剖図」をつくるのか 182

採用改善の5ステップ 184

採用改善は「クロージング→フォローアップ→母集団形成」の順で手をつける ―― 191

クロージングのミスは取り返しがつかない 191

基準の見直し↓優先順位の見直し↓手順の見直し 193

なぜ「新卒採用暇なし」の状況は起きるのか ―― 197

「やった気になるけど成果につながらない業務」を減らせ 197

抜本的な解決のために「採用業務全体の設計」をする 199

短期の成果はクロージングで、長期の成果は採用マーケティングで決まる ―― 204

すぐに成果を出すために、超短期では「クロージング」に集中せよ 204

長期的には「採用マーケティング」に投資せよ 205

採用マーケティングとオペレーションの投資配分　209
マーケティング派？　オペレーション派？　209
コラム　サイエンスをサポートする分析ツールの活用　213

第6章　「新卒・中途採用」の問題解決　うちの会社にはいい人が来ない

新卒採用は「スケジュールを知る」ことからすべてが始まる　218
いい学生を「口説ききれない」問題　218
採用マーケティング
「4000社以上の中から選ばれる」ためには、まず目立つこと　222
選ぶのは「脳みそにとって苦痛」な行為　222
「知ってもらいさえすれば、チャンスはある」　224
採用マーケティング
なぜ、モテない男が美女と結婚できたのか　226
告白と採用活動は似ている　226
キーワードは「オンタイム」。タイミングと頻度をおさえよ　228
オンタイム戦略は、知名度のない会社の武器　230

採用マーケティング
求職者に「あの会社、こんなことがあったな」と思い出してもらおう 231
マーケティングの考え方を採用に応用する 231
大多数に知ってもらう必要はない 233

採用マーケティング
「誰を狙うか」は必ず言語化せよ 236
ターゲットを属性で分類する 236
ターゲットの解像度を上げる 237
コミュニティが可視化されれば、最適なスケジュールが決まる 240
採用競合とキャリアの悩みも予測しやすい 241

採用オペレーション
「ブロック診断」で自社の優先課題を見つける 243
採用課題の解決方法は3パターンしかない 243
「母集団形成」「クロージング」「フォローアップ」それぞれの打ち手 245

採用オペレーション
内定辞退はなぜ起きるのか 249

内定辞退の主な理由 249
それぞれの不満への対策 251

採用オペレーション
求人票に徹底的にこだわれ 253
一度出してダメならすぐ修正 253
デザインにはお金をかけよ 256

採用オペレーション
6つのマスを一人の採用担当が担当してはいけない 257
6項目ごとに担当者を代える 257
「最適な人物像」は変わる 258

採用オペレーション
チームの「多様性と包括性」を維持する 261
放っておくと偏るのがチームのバランス 261
女性採用比率を15%から40%に引き上げることに成功 262

なぜ、採用担当の採用マーケティングのレベルは上がらないのか 264
引き継ぎが不十分なまま、オペレーションに追われる 264
どうやって「採用マーケティング」をトレーニングするか？ 265
採用マーケティング力を高めるための「6つの問い」 266
中途採用のエージェントマネジメント 268
自社にいい人材を連れてきてもらうために不可欠 268
エージェントマネジメントのチェックリスト 270
リファラル採用とオンボーディング 271
第7章 仲間集めはサイエンスできる ケーススタディと採用の9か条
「仲間集め」の再現性を確かめるケーススタディ 274
あなたならどうする？ 274
ケーススタディ① **東京のIT企業A社の採用戦略をつくる** 276
ケーススタディ② **大阪の小売企業B社の離職率、採用難を改善する** 278

人事の北極星としての「採用の9か条」 280
採用に強い会社が取る行動パターンを体系化 280
おわりに 290
ケーススタディの解答例 294

本書で使用しているデータについて

クチコミの点数・お気に入り数の定義は以下。

〈クチコミの点数〉

「ONE CAREER」の掲載企業約4.8万社の中から採用イベントのクチコミ評価点を集計。具体的には、インターン／説明会／本選考の各部門における「イベントの満足度」の総合点（５点満点）をランキングの評価指標とし、公平性を期すためにクチコミ投稿数が特定件数以上集まった企業を評価。

〈お気に入り数データの調査概要〉

・調査時期：2024年８月時点までの実績値を参照
・調査対象：全国の大学生、大学院生
・調査方法：ONE CAREERの企業ページ上の「お気に入り数」をもとに集計

第1部
理論編

本書の前半では、これまで各社ごとにブラックボックスになっていた採用活動の「全体像」を示す。当社が採用を支援する企業でも、自社の課題を「わかっていなかった」と驚くクライアントは多い。まずは何よりも課題を探し、認め、解決に向かうまでの全工程を把握することから始めよう。

第1章

採用の「ゴールと全体像」

人が自動で集まってくるのは「儲かって、企業イメージが強い会社」

「やりたいことはたくさんあっても人が集まらない」

求職者の価値観、経済環境、情報インフラ。この3つの変化によって、「人を集めて、定着してもらうこと」にかかる企業のコストは著しく増加した。人口減少、労働者からの要求、競合の条件……すべてが企業の採用活動にとっては、マイナス方向に進んでしまった。

そして「人集め」は、経営における喫緊の課題になった。事業・数字達成の最大の障壁が「人集め」になってきているのである。

事業・数字達成の最大の障壁が「人集め」になっている

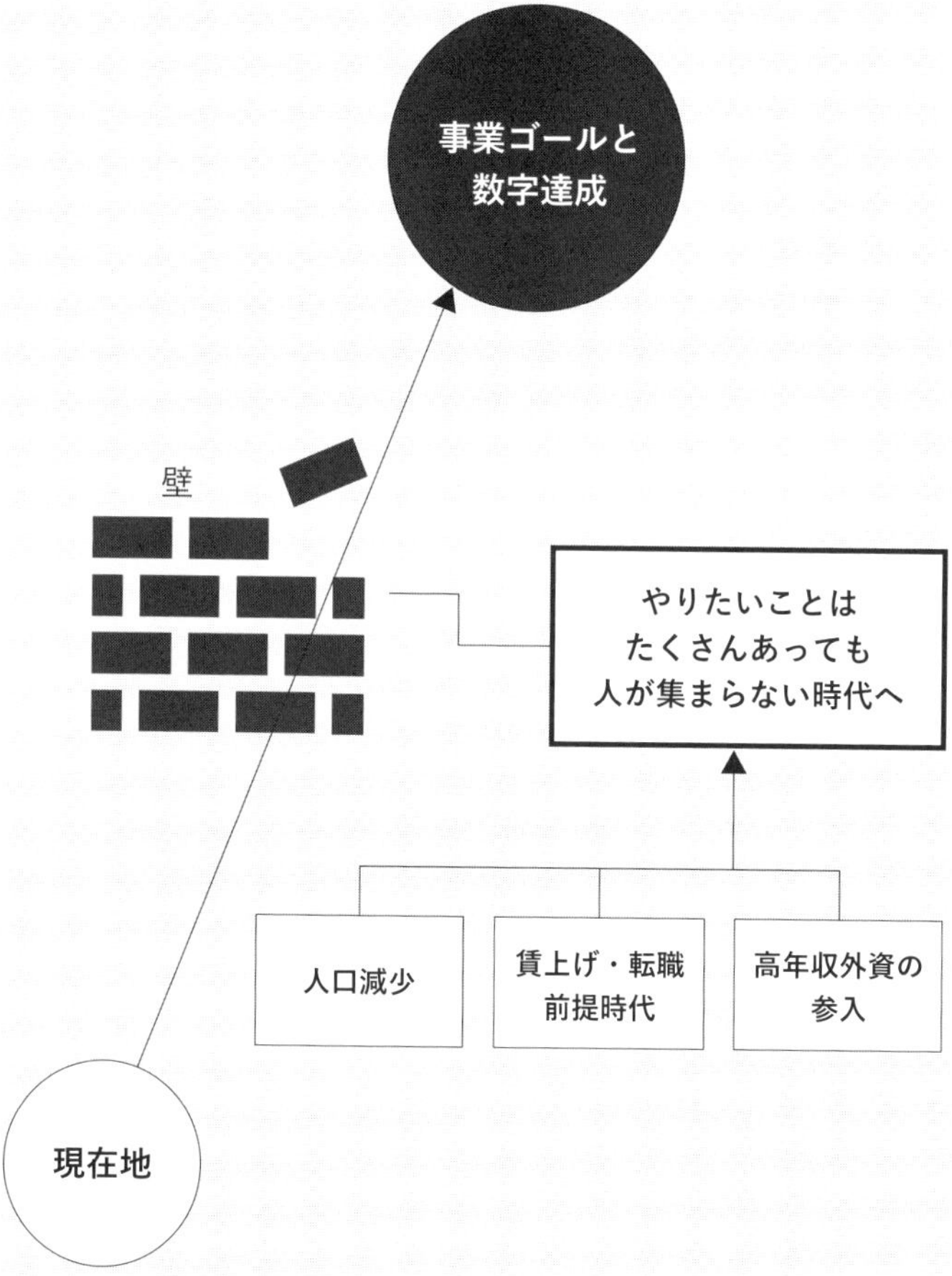

特に地方企業や中堅中小企業の経営者と話すとそれは顕著だ。「やりたいことはたくさんあっても人が集まらない」という声をよく聞く。

これまでであれば、賃金さえ上げれば採用できた業界や企業でさえ、物理的に人の数が足りていない状況になっている。伸ばしたい事業や既存事業に投入する人材がいなければ、伸ばしたい事業も伸ばせないし、既存事業すら閉鎖せざるをえなくなる。

このマイナス方向の変化に対して、企業ができることは2つしかない。

まずは「給与や待遇を上げる」こと。こちらはわかりやすい。

もうひとつは、「給与や待遇〝以外〟の、働く理由を強化する」こと。当然ながら、人は給与や待遇〝だけ〟で仕事場を選んでいるわけではない。一緒に働く人との相性や、成長環境、職場へのアクセス、世間や社員からの評価なども総合的に判断し、仕事場を決めているからだ。単純にいうと、世の中的に評判が良い企業で働きたいと思う人は、非常に多く存在する。

この2つの要素を満たすことができる会社を、本書では「儲かって、企業イメージが強い会社」と定義している。

企業イメージはあらゆる人事課題を解決する

私は仕事柄、採用に関して様々な業界の経営者やトップの方と話す機会がある。その際に「採用で一番重視すべきことは何か」と聞かれたら「企業イメージ」[※]だと断言している。一度企業イメージが構築されると、それは採用において圧倒的なメリットとなる。

採用の成果は、短期的には「オペレーション能力」で決まるが、長期的には「企業イメージが10割」と言い切ってもいい。勝ち続ける仕組みづくり＝企業イメージの管理だからだ。

さらに、企業イメージが強いことは、他の人事課題にも貢献する。人事の基本機能は「採用」「育成」「配置」「評価」「報酬」「代謝」の6要素あるといわれるが、企業イメージは、これらの人事の問題を間接的に解決する。

たとえば、すぐに人が辞めるという「代謝」の問題にしても、企業イメージが強い企業であれば、問題はそれほど深刻にはならない。なぜなら、退職率が高くても、すぐに人を

※本書では、企業イメージ＝採用ブランドと同じ意味で使用している。

補塡できるからだ。具体的には、人気ＩＴメガベンチャーや外資系コンサルティングファームは離職率が通常企業より高い傾向にあるが、企業イメージが強いため、すぐにそのポジションは別の人で埋まる。

〝売上はすべてを癒やす〟という言葉があるが、「企業イメージは人事のすべてを癒やす」と言っても過言ではないほど、効果は絶大なのだ。

三菱商事、三井物産、伊藤忠商事、野村総合研究所（ＮＲＩ）、サイバーエージェント、メルカリ、ボストン コンサルティング グループ、リクルートホールディングス……一般的に採用に強いといわれる大企業の中でも、さらに「とりわけ採用に強い」会社が存在する。これらの会社は規模も、業界も、ビジネスモデルも違うが、共通点は「企業イメージへの投資」を積極的に行っていることだ（この際の投資の定義とは、マスマーケティング等の金銭面のみの投資を指すのではなく、数ヶ年単位での人的リソースへの投資も含んでいる）。

企業イメージがすべてを癒やす

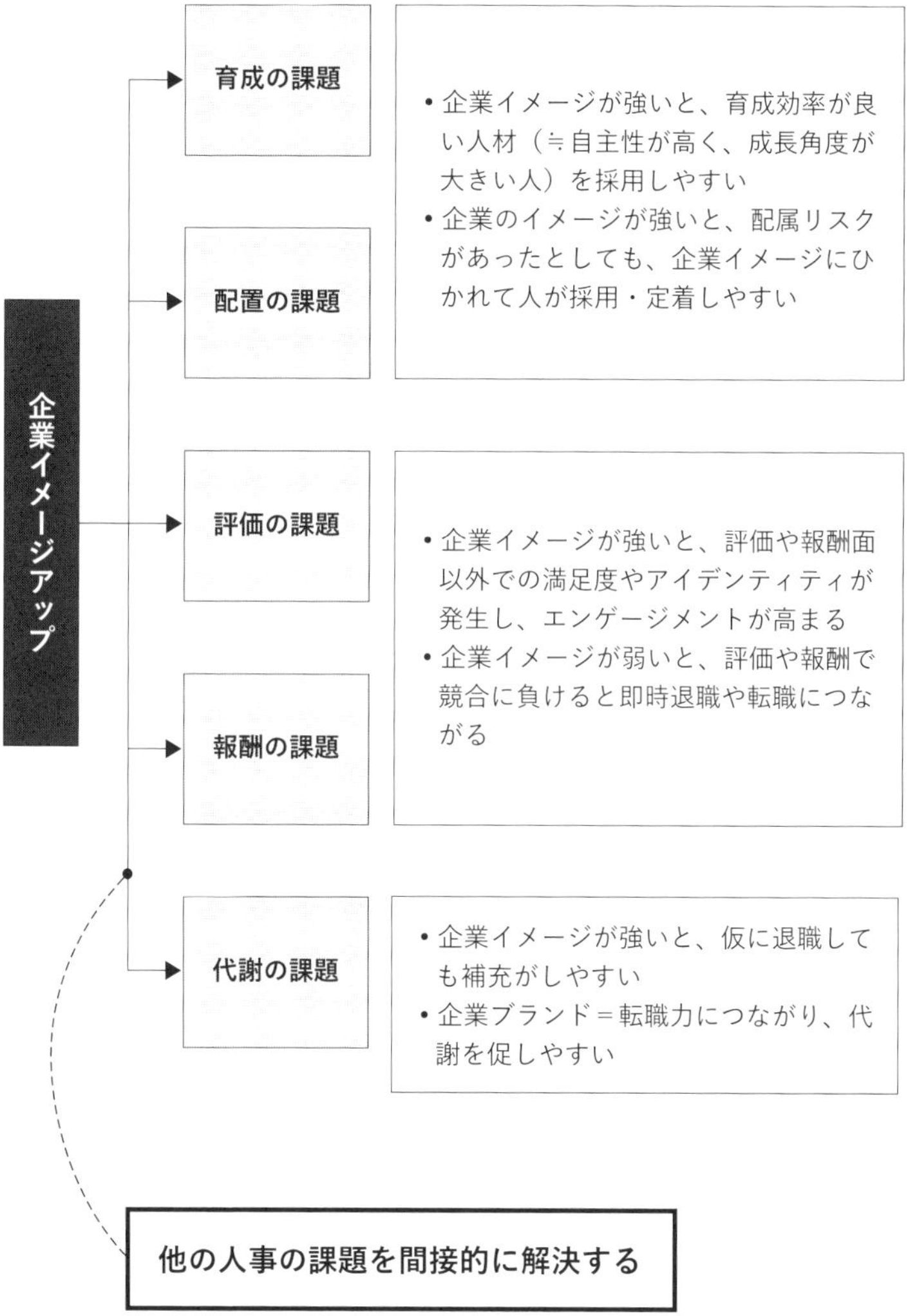

給与だけでなく企業イメージが重要な2つの理由

理由①　いい人を大量に素早く集められる

なぜ、単なる「儲かる会社」ではなく、「儲かって、企業イメージが強い会社」であることが大事なのか。なぜ、いい人に来てもらうために、給与を上げるだけでは不十分なのか。この問いに対しては、「数字的な面」「感情的な面」の2つの答えがある。

まずは「数字的な面」。企業イメージが非常に重要なひとつ目の理由は、採用の金銭的なコストを下げることができるからだ。

商売の言葉に置き換えてみるとわかりやすいが、企業イメージが強いとは、

・いい素材（＝人材）を

・大量に（＝大人数）
・安く、素早く（＝ライバル企業と比較すると安い外注コストで、かつ素早く）
仕入れられる状態だ。

事業において、仕入れ力は、キモ中のキモであるのは言うまでもない。仕入れて、加工して、販売する。この事業のサイクルはどの産業でも同じだが、仕入れが一番の基本になる。仕入れが強いと事業は強い。組織も同じである。

反対に、企業イメージが悪いと、この仕入れに困難が伴う。たとえるならば、常に「関税（追加の採用コスト）」がかかり、かつ「雑多な商品（＝言葉は悪いが、本来採用すべきではなかった人材）」が自社に持ち込まれてしまう。

大量のコストをかければ、人を集めることはできるものの、無駄で余分なコストがかかってしまう。そして何よりも時間を要する。これはビジネスとしては苦しい。

企業イメージを語る上では、もちろん、求職者保護の観点も重要になる。かつては「企業イメージだけ良くて、労働実態はブラック」なケースもあった。しかし、現在では、情報インフラの整備が進み、労働実態がクチコミなどで可視化される時代になってきている。企業イメージ＝企業の実態に限りなく近づいてきているのが現状である。

理由②　危機になると「お金」だけで人は動かない

2つ目の理由は、「感情的な面」。企業イメージが大事である理由は、企業を粘り強い組織につくり替えるためでもある。

人や組織は、ロマンとソロバンで動く。ロマン＝企業イメージ、ソロバン＝給与や待遇だと考えると、人、そして組織という車は高待遇や好条件、損得だけでも前に進むだろう。むしろ、どれだけロマンが強くても、ロマン「だけ」で数十年も引っ張っていくことは厳しい。

では、企業が危機に陥ったときはどうか？　売上や利益が停滞したり、社内でトラブルがあったり……経営がうまくいっていないときこそ、ミッションやビジョンといったロマンが重要になる。

企業が危機に陥る冬の時代、働く理由がソロバンだけの人はすぐに見切って出ていく。一方で「この困難を、自分が主導して乗り越えてやろう」「この会社のために、一肌脱ごう」と踏ん張ってくれる社員の原動力は、決して「お金」ではない。

危機や変革のときにこそ、ロマンが会社を底支えし、社員たちの感情を動かすのである。

「儲かって、企業イメージが強い会社」3つのパターン

人が企業を見る「3つのメガネ」

「企業イメージが強い会社」。この究極のゴールを実現するためには何が必要なのか。
前提として、企業イメージは、3つの観点で構築される。

・IR(Investor Relations):
投資家とのコミュニケーションや関係構築

・PR(Public Relations):

自社の取り組みや考えの発信、事業を通じた体験提供

・HR（Human Resource）：

人材育成や労働環境への投資と関係構築

人が企業を見るとき、この3つのメガネを通じてイメージを構築しているわけだ。企業イメージを「つくる」ときの戦略も考え方は同じだ。IR、PR、HRの「どこに」「どういう」メガネをかけてもらうかを設計し、実行する必要がある。

キーエンス、サントリー、リクルートの強さ

企業イメージはこのIR、PR、HRの観点のどこかを「起点」にして形づくられる。3つそれぞれ、「企業イメージが強い会社」にはどんな例があるか、具体的に見てみよう。

●「IR」が強い会社

業績主導企業。財務情報（＝IR）、投資家からの評価など、主に財務3表や決算書類

に載る情報に圧倒的な特徴がある。評判内容は「儲かっていますね」「伸びていますね」「株主還元していますね」。

例：キーエンス

●「PR」が強い会社

事業・マーケティング主導企業。自社の本業やマーケティング活動を通じたクライアントやユーザーからの評価が高い。評判内容は「サービス／商品のファンです」「企業ビジョンやミッションに共感しています」「企業スタンスを応援しています」。

例：サントリーホールディングス

●「HR」が強い会社

人材輩出企業。従業員や求職者、退職者などの労働市場からの評価が高い企業。評判内容は「○○出身者は優秀」「人が魅力的」「○○の人は給与や市場価値が高い」。

例：リクルートホールディングス

そして近年では、この3つは連動する傾向が強まってきている。

背景には、人的資本開示がある。すなわち、「HRへの成果や取り組みを、IR上でステークホルダーに開示すること」は上場企業ではマスト条件になった。また、SDGsの観点（PR）を投資基準に入れる機関投資家も一定数出てきている。これを私は「IR・PR・HRの三位一体化」と呼んでいる。そして、この流れは今後も加速していくと予測している。

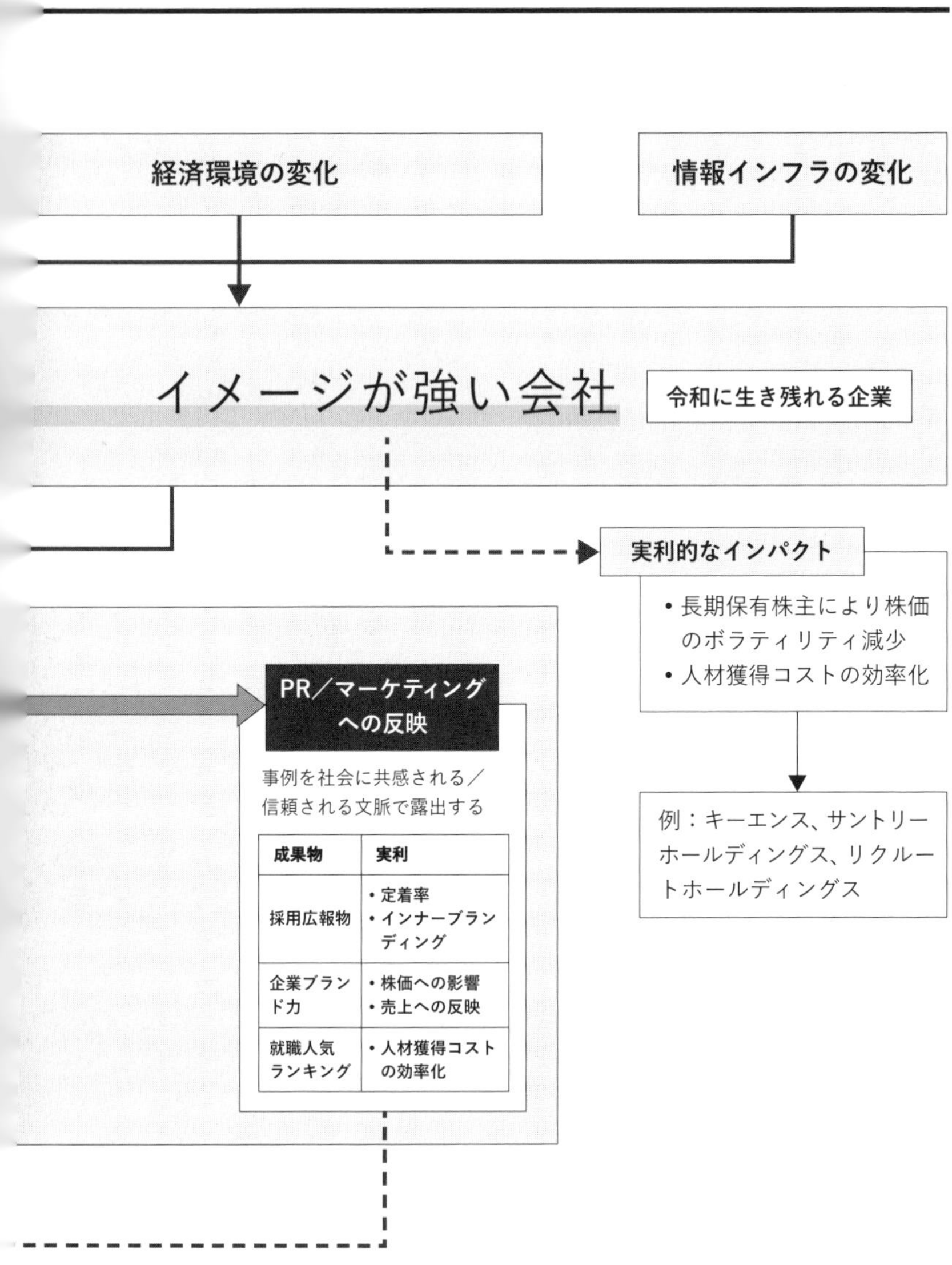

成果物	実利
採用広報物	• 定着率 • インナーブランディング
企業ブランド力	• 株価への影響 • 売上への反映
就職人気ランキング	• 人材獲得コストの効率化

人的資本開示を起点に「儲かって、企業イメージが強い会社」を目指す方法

時代変化

求職者の価値観の変化

経営者が目指すべきゴール

儲かって、企業

解決策

HR、IR、PRの好循環モデル

HRへの投資 → **IRへの反映**

人材への先行投資

セグメント	具体施策
若年層	採用、育成、メンタルヘルス
女性	管理職、定着率、産後復帰支援
シニア	リスキリング

人的資本開示に合わせて自社の取り組みと成果を可視化

セグメント	成果
若年層	20代の成長環境、エンゲージメント値
女性	管理職割合、男女割合
シニア	(※成果や変化が見えづらい領域)

共感してくれる人材が集まる(カルチャー強化)

企業イメージ＝評判×認知率

企業イメージは「データ」で見られるようになった

では、「企業イメージが強い会社」というゴールを目指すためには何をすればいいのか。
その前提として、当社ではこれまであいまいに語られてきた「イメージ」を、データで可視化することにした。具体的には、自社の「評判」を示すクチコミの点数と、自社の「認知率」を示すお気に入り数（＝人気度）という、2×2のマトリックスを作成し、ここにすべての企業を位置付けている。

実際に、日本のプライム上場企業・人気企業を中心にした実例を見てみよう。54～55

ページの図は、当社のデータ（新卒採用）をもとに作成したもので、縦軸がクチコミ点数、横軸がお気に入り数（=人気度）を表している。クチコミ点数は5点満点で、インターンシップや説明会、選考などの体験を実際の求職者に評価してもらったもの。お気に入り数は学生が「ＯＮＥ ＣＡＲＥＥＲ」のサイト上で企業別に登録した数になっている。

企業イメージの最終ゴールとしては、このマトリックスの「右上のエリア」を狙っていくことになる。このエリアの会社を見ればわかるように、企業イメージは極めて強固で、採用の「勝ち続ける仕組み」が構築できている。

「評判が良いか、認知率が高いか」どちらかをまず目指せ

しかし当然、右上にいる企業も最初からこの地位を確立できていたわけではない。どんな企業でも最初は無名のベンチャー企業だったからだ。多くの企業にとって、右上が目指すべきゴールではあるが、予算や採用人数規模によってルートの優先順位は異なる。リソースが限られている場合、「まず左上を目指すか」「まず右下を目指すか」を絞った方がいい。言い換えるならば、評判を先に取りにいくルートか、認知率を取りにいくルートの2択がある。

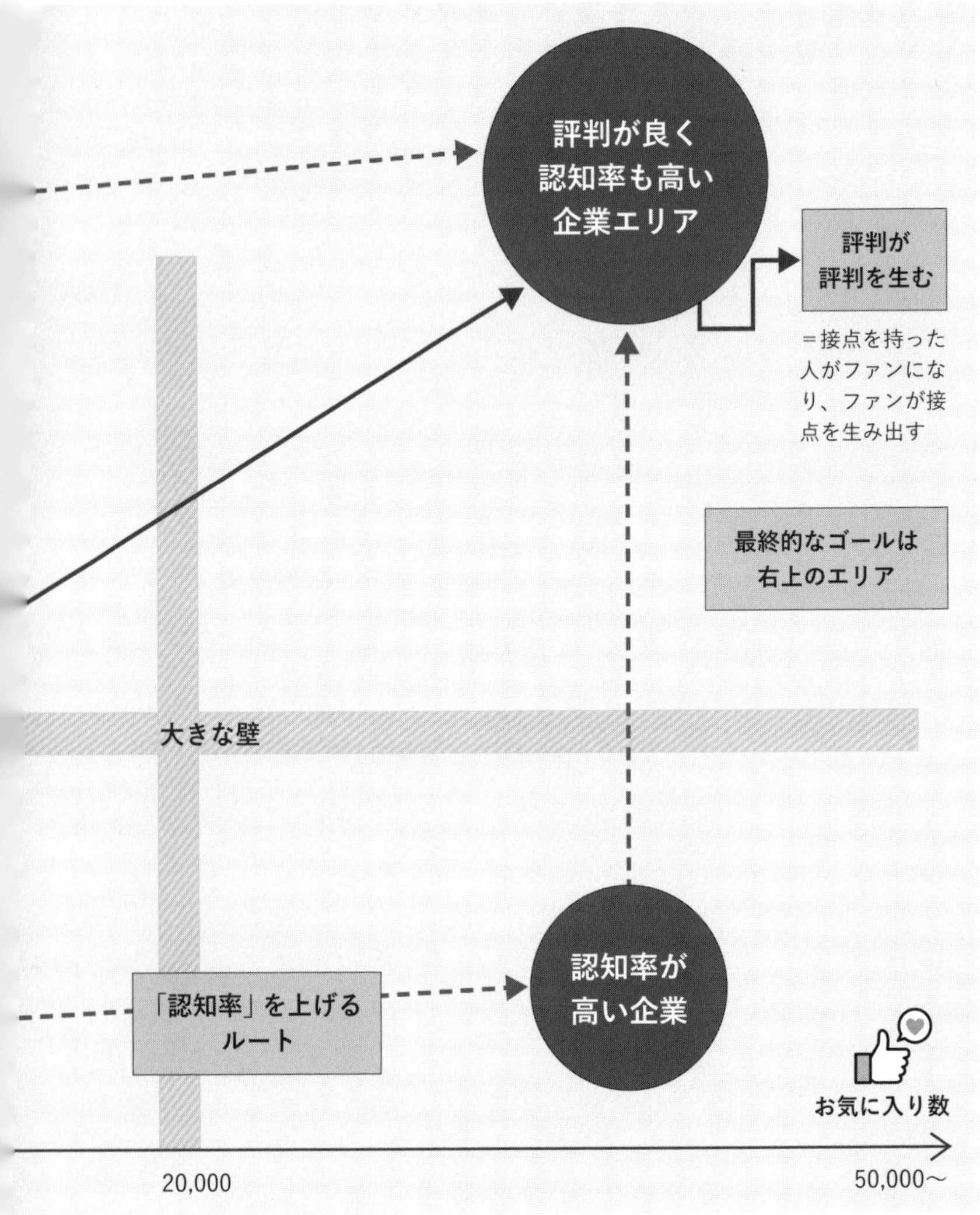
評判が良く
認知率も高い
企業エリア
評判が
評判を生む
＝接点を持った
人がファンにな
り、ファンが接
点を生み出す
最終的なゴールは
右上のエリア
大きな壁
「認知率」を上げる
ルート
認知率が
高い企業
お気に入り数
20,000
50,000〜

企業イメージがデータで見られるようになった。右上こそが目指すべき地点

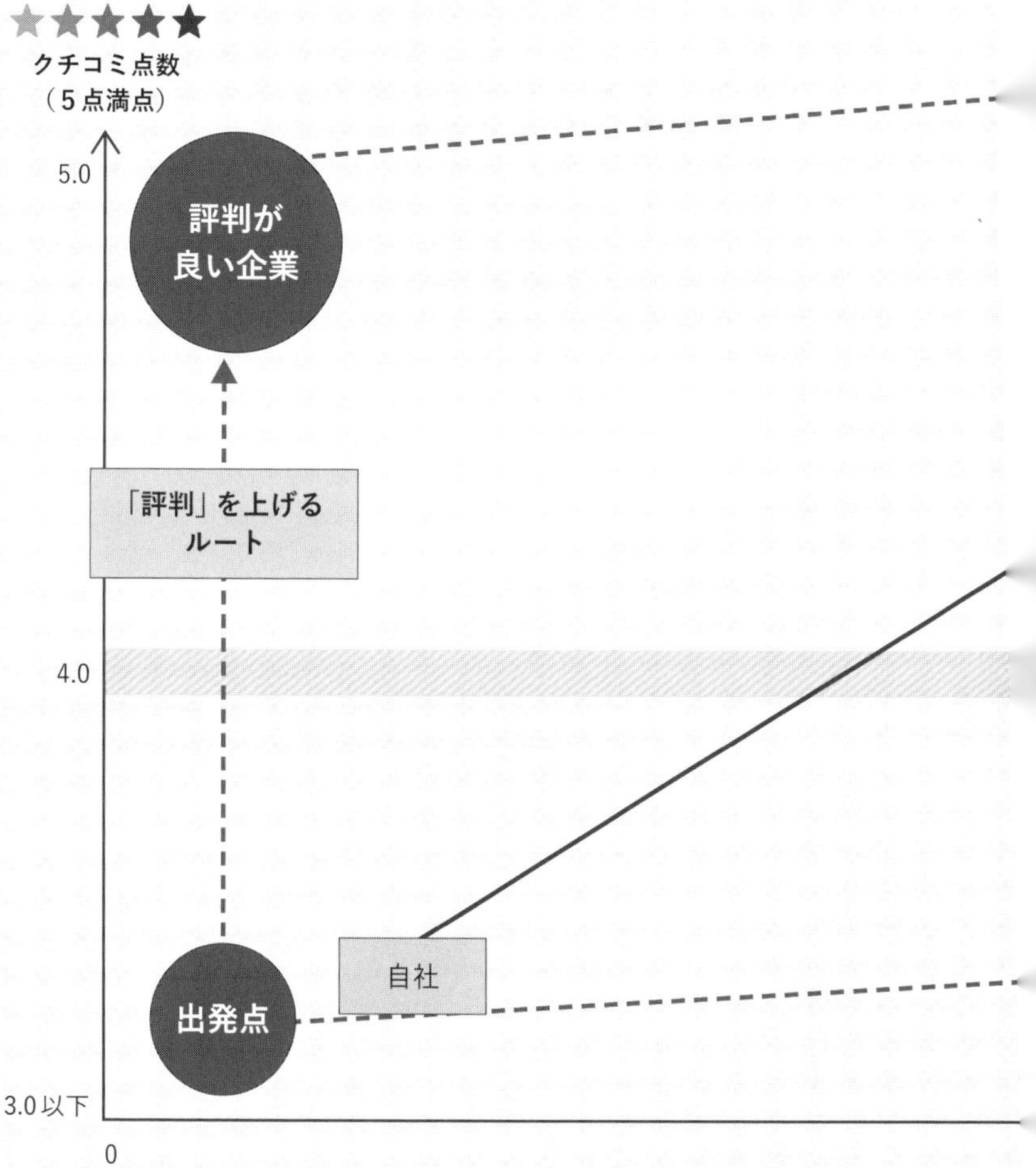

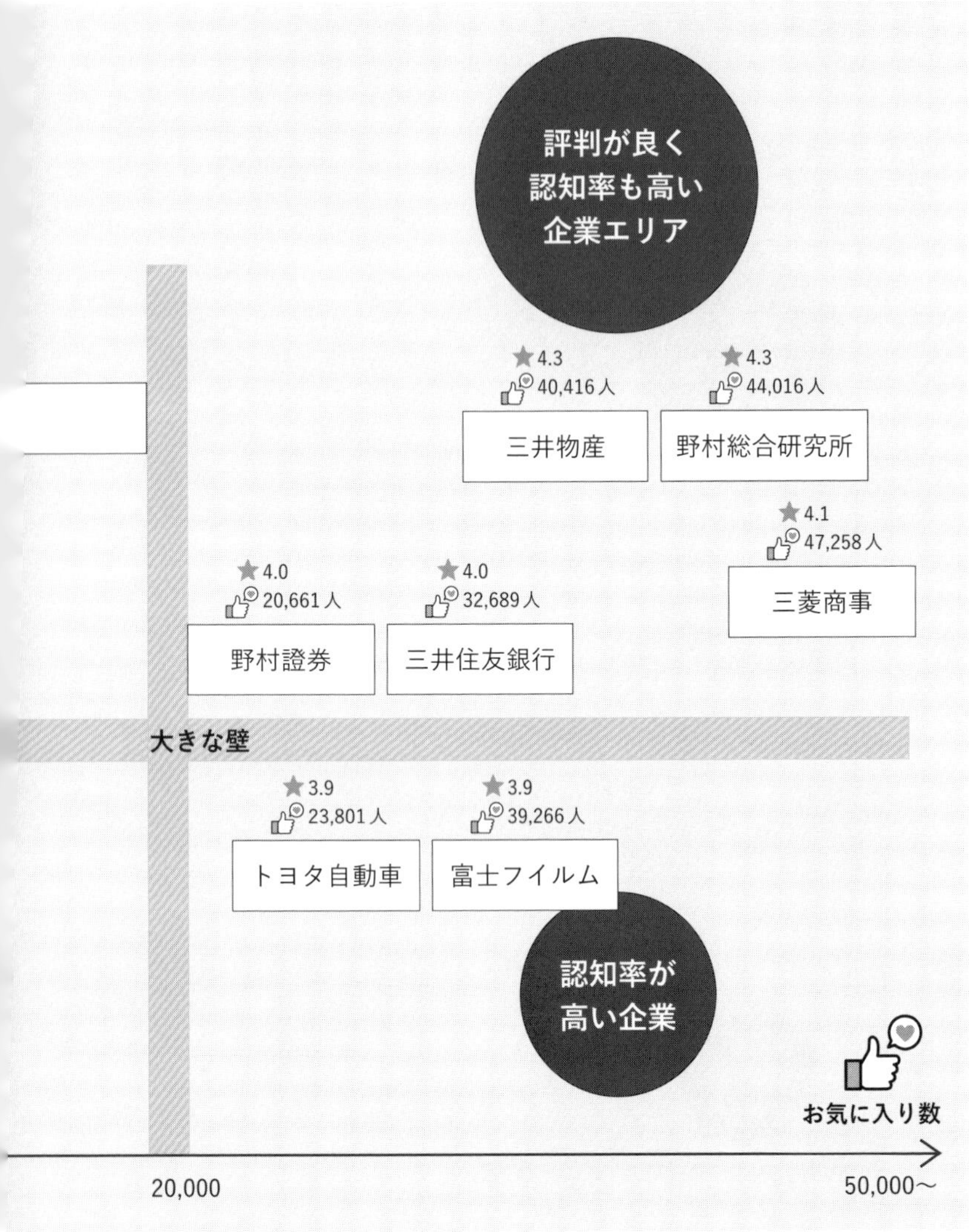

出所：ONE CAREER

※クチコミ点数／お気に入り数ともに2024年8月5日時点のもの。お気に入り数は累計の数値

強いのは「評判」「認知率」両方が高い企業（例）

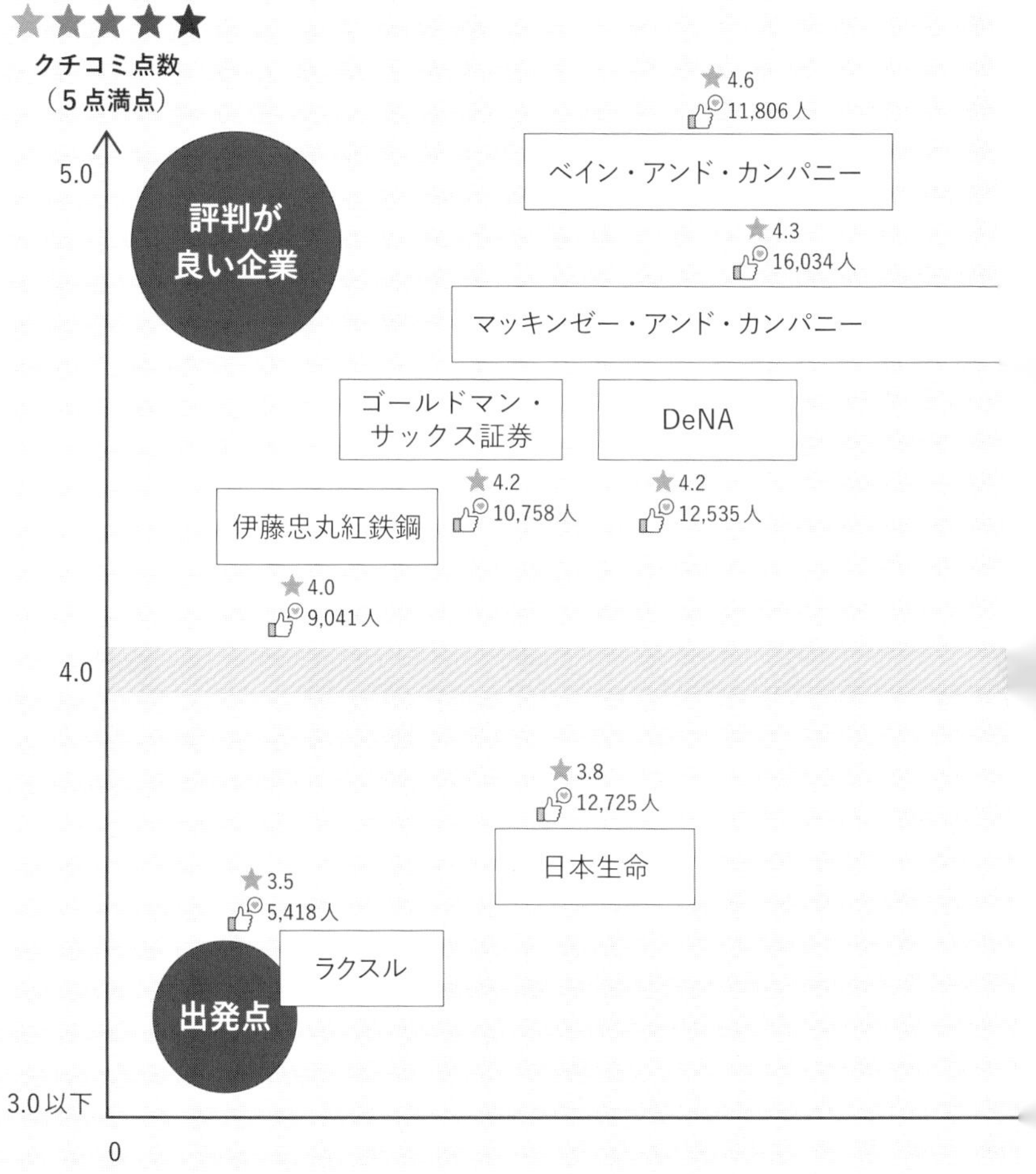

「採用活動」の全体像をおさえよ

採用活動とは「採用の土台」を踏まえて「戦略」を立て、手法を「改善」すること

企業イメージ＝評判×認知率を取りにいく。そのためにやることは3つある。ひとつ目は「『採用の土台』をおさえること」。2つ目は「優れた採用戦略を立てること」。3つ目は「採用手法を改善し続けること」である。企業イメージの構築は、この一連のプロセスの流れで実現していく。

58ページの図が、本書で整理した採用活動のフローである。この全体図は、どんな業界、どんな職種であっても使える普遍的なものだ。

なお、この図は前半と後半で2つに分かれている。

前2つの「事業特性」と「人事ポリシー」は、どの会社にも共通する採用の土台である。後ろ2つの「採用課題」と「採用改善」は、「個別の企業ごと」に決まり、「単年度単位」に変更がある部分である。

たとえば、採用面接の場で「誰をメインターゲットにするか」「何を言うか」「どんな資料を使うのか」「(新卒採用の場合)どんなインターンシップを行うか」などは、企業ごとに違うし、同じ企業の中でも1年以内に変わる要素がある。

そして、「採用の9か条」は戦略を実行するときの行動指針となっている。

採用活動の全体像

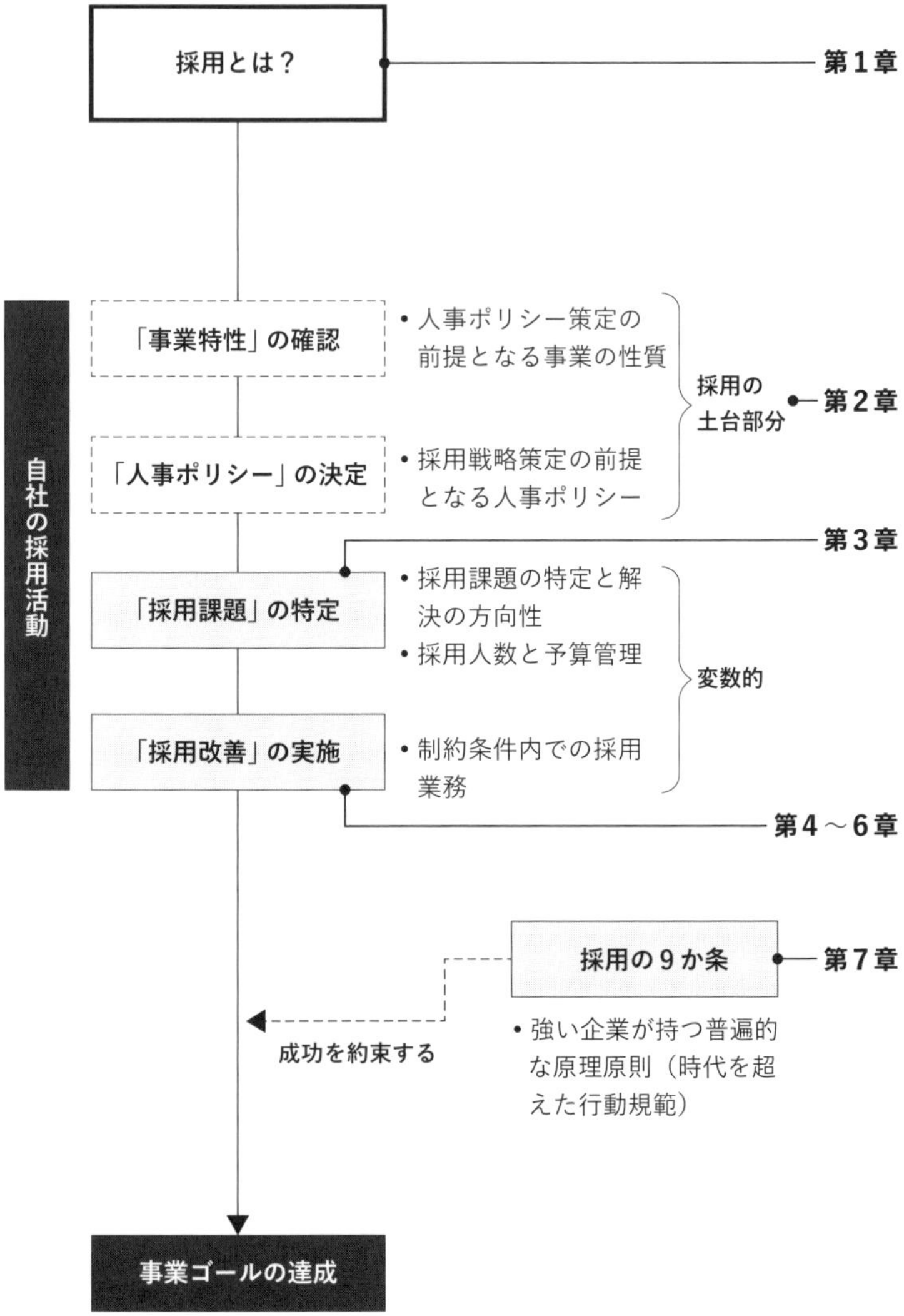
採用とは？
第1章
自社の採用活動
「事業特性」の確認
・人事ポリシー策定の前提となる事業の性質
「人事ポリシー」の決定
・採用戦略策定の前提となる人事ポリシー
採用の土台部分
第2章
第3章
「採用課題」の特定
・採用課題の特定と解決の方向性
・採用人数と予算管理
変数的
「採用改善」の実施
・制約条件内での採用業務
第4～6章
採用の9か条
第7章
・強い企業が持つ普遍的な原理原則（時代を超えた行動規範）
成功を約束する
事業ゴールの達成

第2章

どの会社にも共通する「採用の法則」

自社の「事業特性」を客観的に分析する

「事業サイクル」は長いか短いか、「産業の歴史」は新しいか古いか

自社のための戦略を立てる前に、必ずおさえておきたいことがある。
自社の事業特性を客観的に分析した上で、採用戦略を立てることだ。

そもそも採用を行う究極の目的は「事業成長」、すなわち自社の事業を成長させ、ミッションやビジョンを実現させることである。そのためには自社の事業特性に合った人材（＝活躍しやすい人材）を採用しなければならない。採用して終わりではなく、定着し活躍してもらうことが本質だからだ。

では、具体的に考慮すべき自社の事業特性とは何だろうか。それは、「事業サイクル」と「産業の歴史」である。

まず事業サイクルで具体的に考えるのは、「事業サイクルが長いか短いか」だ。

ひとつの事業サイクルが数年〜数十年のものは長く、数日や数ヶ月以内のものは短い。

たとえば、電力事業や建設業といった大型の投資を伴う事業は、事業サイクルが長い。一方で、コンサルティングサービスや人材紹介業、生鮮品中心の小売業といった事業は、事業サイクルが短い。

次に「産業の歴史は新しいか古いか」で分類できる。新旧の判断は現役の労働世代よりも長い歴史がある場合は古く、短い場合は新しいと判断する。

たとえば、スマートフォンをベースにしたIT・WEBサービスを手掛ける多くの企業は、新しい産業に分類される。一方で、自動車業界は既に創業者が亡くなっている企業も多い（=現役世代がバトンを受け継いでいる）ため、古い産業に分類される。

人事ポリシーと採用すべき人材要件が変わる

この「事業サイクル」と「産業の歴史」によって、自社の人事ポリシーの大まかな最適解や選択肢が決まる。産業の歴史が長ければ長いほど、当然、経験者が自社や労働市場の中に存在していることになる。言い換えれば、経験者採用を中心に事業をつくることができる。一方で、産業の歴史が浅ければ浅いほど、労働市場に経験者が少なく、入社後の育成をベースにした人事戦略を取らざるをえない。

さらに、この2つの要素によって、採用すべき人材のスキルや要件も変わる。具体的には、事業サイクルが長ければ長いほど、一人の人材が事業の全体像を理解するためにかかる期間や費用が大きくなる。求められるスキルや経験も細分化されていくことが多く、雇用の長期安定性が必要になりやすい。一方で、事業サイクルが短い場合、年齢に関係なく事業の全体像を理解するチャンスが多い。そのため、速いスピードでの評価や登用も可能になる。この違いが、採用の人材要件の差になる。時間をかけて計画的に育てることに適した人材と、速いスピードでの評価と登用に適した人材は異なる傾向があるからだ。

事業特性による人事施策への影響

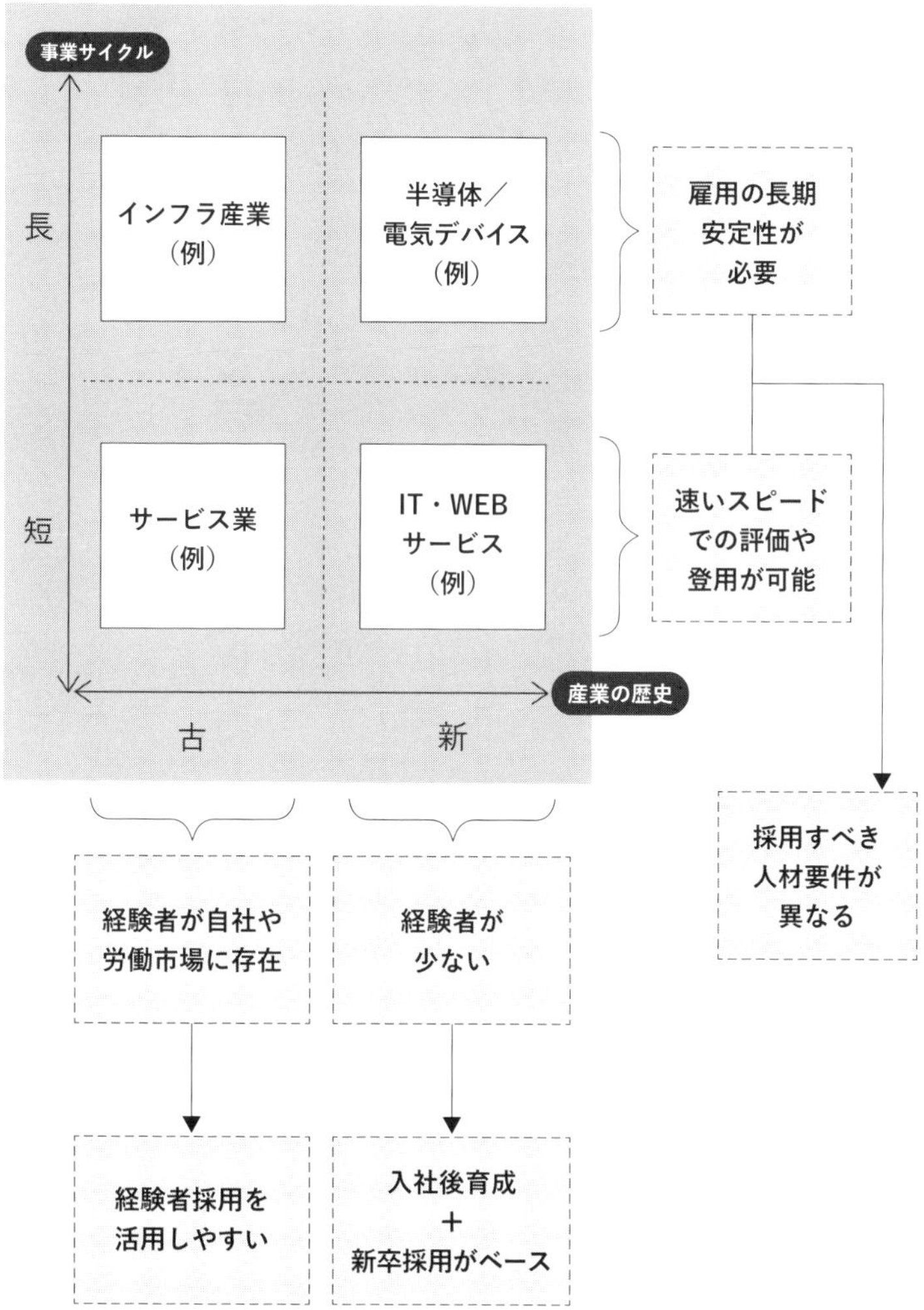

採用戦略の憲法「人事ポリシー」を言語化する

人事ポリシー作成のための「超シンプルなフレームワーク」

採用活動の土台としてやるべきこと。「事業特性」の把握に続く2つ目が、「人事ポリシーの言語化」だ。

人事ポリシーとは、人事の軸となる考え方を指すもので、人事施策を実行する上での価値基準である。たとえば、正社員・契約社員・無期雇用パート・アルバイトといった自社で働く人に対して、どのような採用基準を設けるのか。どのような報酬制度を設けるのか。事業づくりにも投資判断基準があるように、組織や採用を考える上での判断基準が人事ポリシーである。

人事ポリシーは、大企業でも、十分に言語化されていないことがある。あるいは、担当者によって認識にばらつきが出てしまっていることもある。創業間もないスタートアップ企業では、そもそも人事ポリシーを設定していない、設定する必要性を認識していないケースも多い。

しかし、採用戦略を考える上で、人事ポリシーは必須になる。法律でたとえるならば、人事ポリシーは憲法のようなものであり、制度をつくる上での土台となる。

69ページの図は、人事ポリシーをわかりやすく整理するためのフレームワークだ。

人事ポリシーは、次の5つの要素で整理できる。この5つの要素のうち自社がどこに強弱をつけるかで、組織や採用の特徴は形づくられる。そして、それぞれ2択のうち、どちらを自社として重視するかを考え、組み合わせていく。

人事ポリシーの構成要素

①組織づくりの方針：新卒中心か、中途中心か
②登用・報酬の方針：年功序列的か、実力主義的か
③業務管理の方針：規律・チーム重視か、裁量・個人重視か
④雇用の方針：終身雇用型か、転職許容型か
⑤配属の方針：ジョブローテ型か、職種・職能型か

たとえば、リクルートとサイバーエージェントは、組織づくりは「新卒中心」で同じだが、リクルートは転職や独立を前提として育成するのに対して、サイバーエージェントは終身雇用を前提としてきた。

あるいは、（私の出身業界でもある）広告代理店の電通と博報堂も、どちらも新卒中心の年功序列的組織で長らく運営されてきたが、電通は規律・チームを重視するのに対して、博報堂は裁量・個人重視的だといわれていた。完全にどちらか一方で100％分けられるものではないが、おおまかな方向性は分類できる。

人事ポリシーは事業特性と経営者の思想で決まる

人事ポリシーのパターンを分析すると、その内容は

・事業特性
・経営者の思想

によって決まっていることが多い。いくつかパターンを挙げてみよう。

●業界のガリバー企業

先に挙げた、リクルートやサイバーエージェントが新卒中心型なのは、彼らが扱うのはIT／情報産業で、産業の歴史が新しいからであり、両者とも業界のガリバー的存在だからだ。

自社が業界で最大の知見を持っている領域が多いため、中途採用で外部から知見を取り入れる必要性が相対的に低い。業界や商材に若者観点が活用しやすく、新卒入社者が短期・中期的に活躍しやすい環境ともいえる。加えて、両社は自社で人材を育成するメソッドがあるため、中途採用でわざわざ高い費用を払う必要もないのだ。

・コンサルティングファーム

一方で、最近人気が高まっているコンサルティングファームは、転職や退職を許容しつつ、成果をすぐに報酬に還元できる実力主義型の人事ポリシーで設計されていることが多い。これは、古くからある産業であること、また、同業内での転職や独立が激しく、工数ベースのフィーを請求するビジネスモデルであることが理由である。

・就職人気ランキングの常連企業

新卒での就職人気ランキングの常連、総合商社や大手ディベロッパーは、責任者が扱う商品の金額が巨大で、リスク事項も非常に多い。また、関係するステークホルダーが多いため、ミスを最小化して効率的に動ける「規律・チーム重視」であることが多く、「年功序列的」が多い。

・伝統的日本企業

昔ながらの伝統的日本企業は、すべてが図の左側の列の要素になっており、急速に右側の列への変化を求められているケースが多い。

人事ポリシーのパターンは、５つの要素の組み合わせで構成

組織づくりの方針：新卒中心 or 中途中心

登用・報酬の方針：年功序列的 or 実力主義的

業務管理の方針：規律・チーム重視 or 裁量・個人重視

裁量・個人重視は小さい会社や新規事業などで多い

雇用の方針：終身雇用型 or 転職許容型

思想が出やすい（出戻りOKか、転職＝裏切り者か）

配属の方針：ジョブローテ型 or 職種・職能型

つまりこれまでは、

①新卒中心で、
②年功序列的で、
③規律・チーム重視で、
④終身雇用型で、
⑤ジョブローテ型

だった人事ポリシーを、中途割合を増やしたり、報酬を実力主義的にしたり、職種・職能別採用を増やしたり、といったケースである。言い換えると、日本企業の人事変革とは人事ポリシーの変革だともいえるだろう。

以上のような事業特性という制約条件を踏まえた上で、企業経営者やCHROが、どこにどのような強弱をつけるかがポイントとなる。創業間もないスタートアップの場合、そもそも人事ポリシーが設定されていないこともあるので、その場合は早い段階で、人事ポリシーを設定しておくことをおすすめする。

人事ポリシーは採用戦略に影響を与える

人事ポリシー作成で考えるべき5つの問い

人事ポリシーは当然、自社の採用戦略にも強く影響する。具体的には、採用活動全体にかけるリソースの配分バランスや潜在的な自社の採用ターゲットに力を及ぼす。いくつか例を見てみよう。

・新卒中心か、中途中心か

たとえば、「新卒中心か、中途中心か」によって、自社のリソース配分や最適な採用支援サービスは異なる。

新卒中心の組織づくりの場合、予算の多くを新卒採用に投入し、中途採用はできるだけ効率的に運用した方がいい。社内の採用人事の数も、新卒＞中途となり、中途採用は欠員補充が主目的になる。新卒で組織をつくり、中途は補填の役割になる。

一方、中途中心の組織づくりの場合、中途採用に時間と労力をかけるべきで、新卒採用は、狙った職種や特定のターゲットに絞って運用するのがいい。

●終身雇用型か、転職許容型か

それ以外にも「終身雇用型か、転職許容型か」によって、採用ターゲットと、採用基準と採用目標の立て方が変わる。たとえば、志望動機の重要性は大きく違う。

終身雇用型は、長期的な育成を目的にするため、スキルセットやビジネス経験を見る優先度は低いが、カルチャーフィットが必要になる。自社の事業内容・事業ドメインに興味を持つ根拠や背景が重要になり、志望動機は一定して重視される。

一方、転職許容型であれば、カルチャーフィットへの優先度は低いが、自立心や、業務能力・論理的思考といったベースのスキルの優先度が高くなる。いわゆる志望動機の重要度は低い。加えて、転職許容型の組織の場合、採用目標人数も一定の離職率を考慮して上積みする必要がある。

さらに詳しくは、次ページの表にまとめた。

採用戦略への影響	
影響しやすい項目	詳細
• 自社の最適なリソース配分	• 必要な人員数と予算の優先度が決まる たとえば、新卒中心の組織づくりであれば、新卒採用>中途採用となる
• 採用ターゲット	• ペルソナとなる人物像が変わる **年功序列的**：ひとつのことを長く続けてきた人物 **実力主義的**：個人成果や目的意識が求められる環境で育ってきた人物
• 採用ターゲット • 評価基準	• 評価すべき項目の優先度が変わる **規律・チーム重視**：周りと協働し規律的に動ける力 **裁量・個人重視**：自分で工夫して解決する力（＝課題発見能力）
• 採用基準 • 採用目標	• 志望動機の重要性が変わる **終身雇用型**：志望動機は一定して重要 **転職許容型**：志望動機より業務能力や思考力が重要 • 採用目標の立て方が変わる 転職許容型は、離職を前提とした採用目標の上乗せが必要
• 選考フロー • 採用広報戦略	• 採用の入口時点から選考フローが変わる **ジョブローテ型**：総合職採用 **職種・職能型**：職種別採用になる。また訴求すべきポイントも変わる

人事ポリシーの各項目は、採用戦略に強い影響を与える

人事ポリシーのパターン

組織づくりの方針	新卒中心	or	中途中心
登用・報酬の方針	年功序列的	or	実力主義的
業務管理の方針	規律・チーム重視	or	裁量・個人重視
雇用の方針	終身雇用型	or	転職許容型
配属の方針	ジョブローテ型	or	職種・職能型

第3章

自社の「採用課題」を見つける

「採用機能ポートフォリオ」で全体を見る

どこに機能不全があり、どこが満たせているか

企業の課題は「誰の観点から見るか?」で内容が大きく変わる。「採用に問題がある」と言っても、その内容は千差万別だ。そもそも、「どの職種の採用に課題があるか」が整理されていないことも多い。

そこでまずおすすめしたいのが、「採用機能ポートフォリオ」の作成である。採用機能ポートフォリオとは、組織上のどの採用に課題があるかを可視化するためのフレームワークだ。

あなたの会社、組織では、どこに課題(=機能不全)があって、どこが十分に満たせて

いるだろうか。

81ページの図は、

・誰から見るか？（縦軸）：経営レイヤーか、現場レイヤーか？
・投資の期間（横軸）：短期的か、長期的か？

の2つの軸で成り立っている。

この2軸で見たとき、「今困っているのはどの分類の採用なのか。そして、それは短期的に成果をあげるべきものなのか、長期的に取り組むべき内容なのか」を整理するのが、採用担当者の最初の仕事だ。

この最初のステップ次第で、その後やるべきことが全く変わってくるため、整理を怠ると間違った方向に進んでしまいかねない。

具体的に考えるべき要素は、次の6つだ。

①中途のメンバー採用

いわゆる通常の現場やマネジャーを狙ったメンバー採用。

②中途のエグゼクティブ採用

経営陣やマネジメント層、CXOレイヤーを狙った中途採用。

③新卒の通常採用

新卒学生を対象にした採用。主に、ビジネス職（営業職・企画職など）を採用することが多い。

④特殊採用

特定ターゲットに絞った採用。たとえば、中途であれば法務部門の採用、新卒であればエンジニアや経営幹部候補の採用など。

⑤メディア資産

WEBサイトや外部媒体を中心としたメディア上のコンテンツ。

⑥体験資産

社員としての就労体験、選考上での面接体験、インターンシップ体験からくる評判やクチコミ情報。

採用機能ポートフォリオ

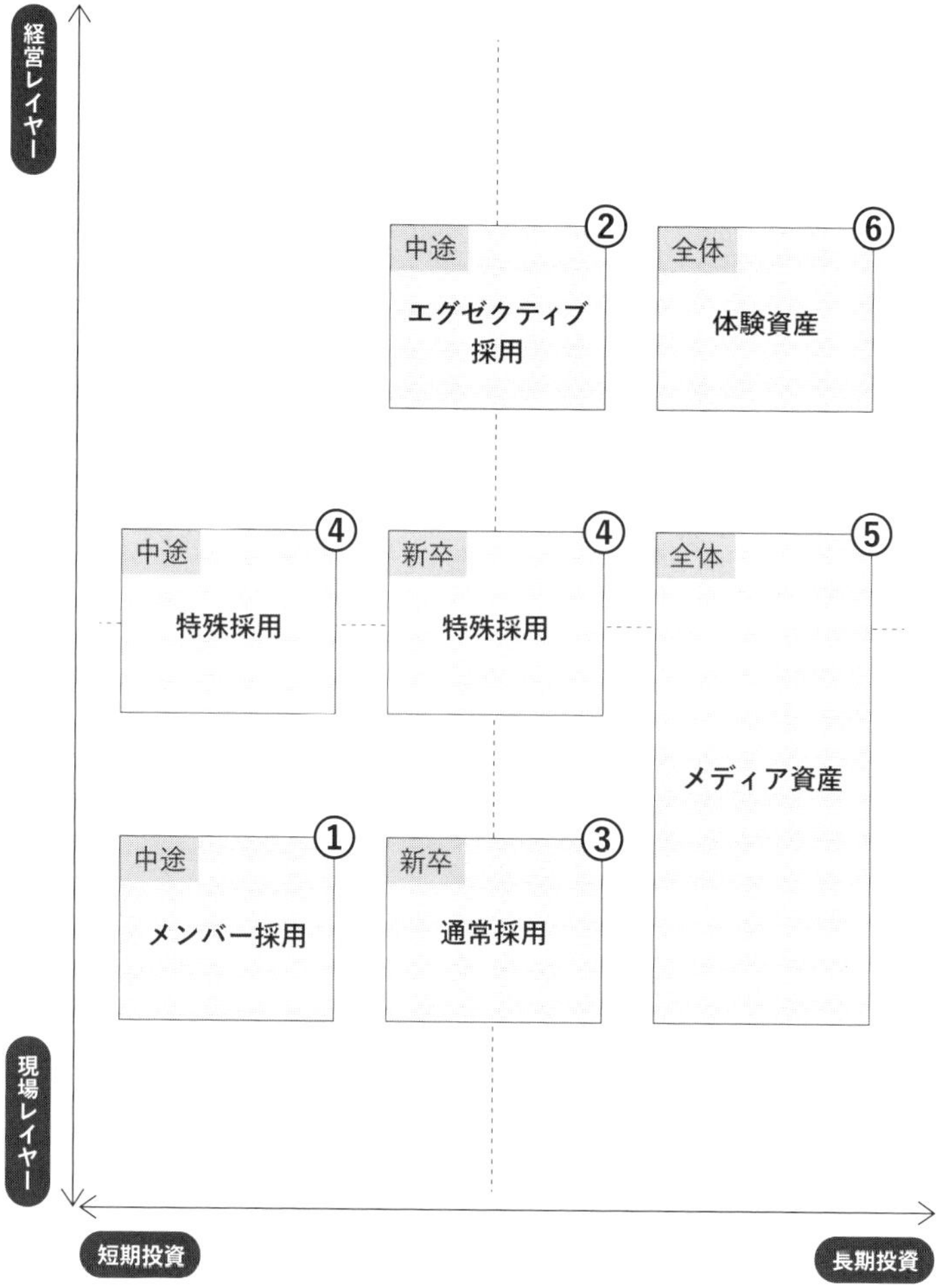

課題を正確に把握すべき2つの理由

何事も課題を正確に把握した方が、問題解決につながるし、その後の勝ち続ける仕組みをつくりやすい。採用活動を全体像で把握すべき理由は2つある。

ひとつ目は、「優先順位と担当者」を決めるためである。採用課題とひと言で言っても、実は、最適な担当者と優先順位は異なる。たとえば、中途のエグゼクティブ採用は、経営レイヤーの人物がコミットする必要があるが、中途のメンバークラスの採用は、現場でも主導することができる。それぞれ、主導すべき担当者が違うのだ。

2つ目は、「利用するサービス」を決めるためである。外部のサービスを利用して採用の課題を解決する場合、当然、必要なベンダーが変わってくる。また、担当者に求められる知見や経験も異なる。新卒採用を例にすると、通常採用は、新卒採用の求人メディアや、新卒採用イベントへの出展などがあるが、一方で、エンジニア職などの特殊採用では、領域特化型の採用サービスの方が最適な可能性がある。次ページの図は、課題のメニューと対応するサービスを可視化したものだ。

全体像を把握すると「優先順位と担当者」「利用するサービス」が決まる

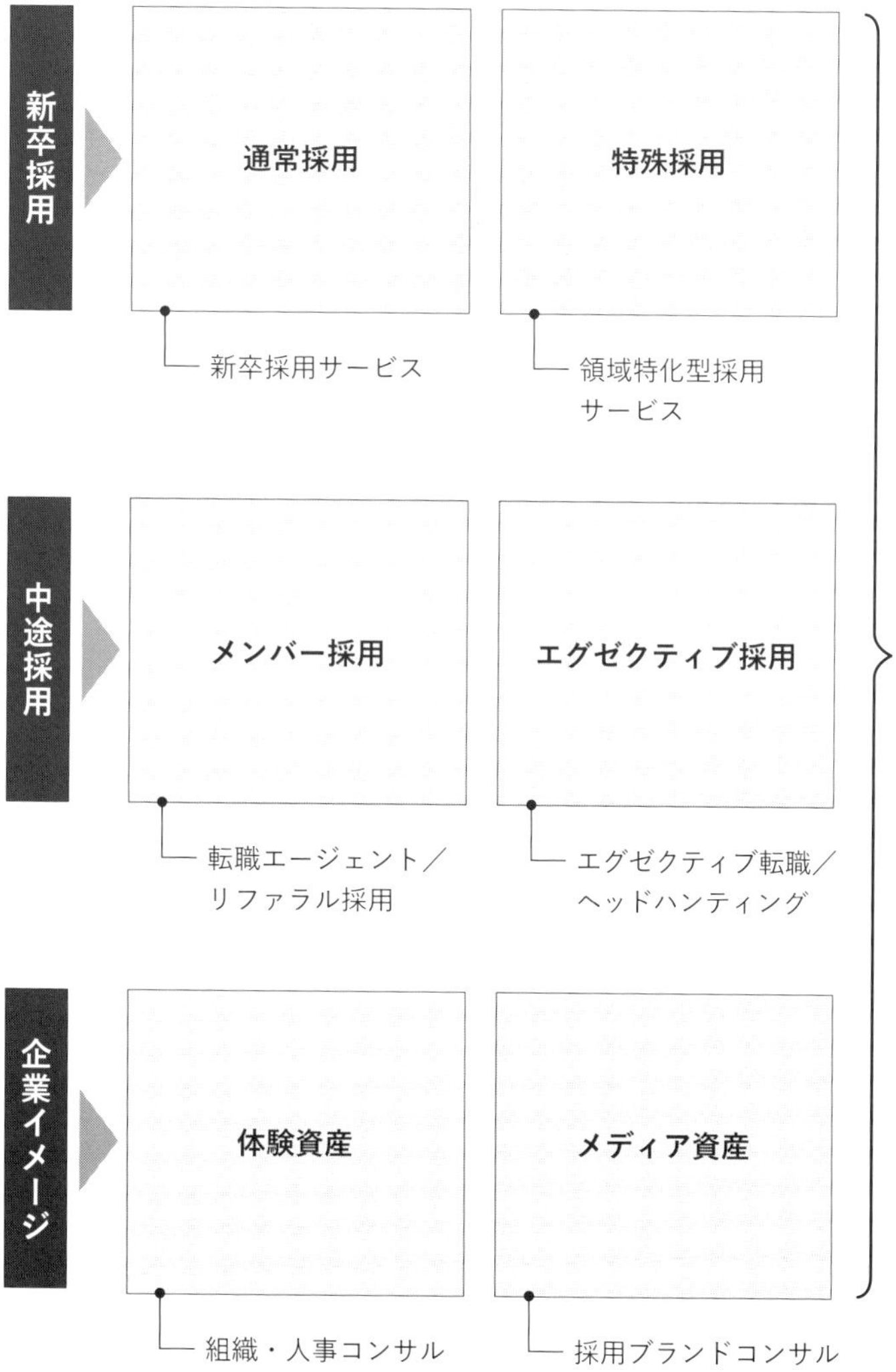

「優先順位と担当者」を決める

「誰が取り組むか」「一緒に取り組むか」を整理する

経営陣、CHRO、執行役員、事業部長レイヤーから見た採用課題と、現場の人事部長や採用責任者、採用担当レイヤーから見た採用課題は、そもそも、観点や優先順位が違うケースが多い。改めて整理すると次のようになる。

・経営陣単体で、まず絶対に取り組むべきことは「エグゼクティブ採用」
・経営陣＋現場で取り組むべきことは、「特殊採用」「体験資産づくり」「メディア資産づくり」

・現場や人事部門主体で取り組むべきことは「中途メンバー採用」と「新卒通常採用」

経営陣から見た採用課題と、現場から見た採用課題。このギャップは、実は非常に重要な論点である。採用に課題を持つ組織では、この整理がまずされていない。結果、経営陣が人事チームに求めることと、現場が進めたいことに溝ができて、採用に失敗する確率が高まる。図をもとに、

・経営陣が取り組むべきこと
・現場が取り組むべきこと
・一緒に取り組むべきこと

の３つを整理して進める必要がある。

これらが整理されていないと、経営陣がいわゆる「一本釣り」すべきエグゼクティブ採用を中途半端に人事に任せてしまって結果が出なかったり、事業部と進めるべき中途採用を人事が単独で進めてしまったりして、面接に欲しい人材が集まらない、といった残念な事態になりかねない。

採用の仕組みの全体像

採用で勝ち続けるための3つの機能	課題別の種類	定義	
中途採用	エグゼクティブ採用	・経営レイヤー／CXOの採用活動のこと ・業績への貢献を目的とする	経営の課題に直結する ➡経営陣単体で解決すべきこと
中途採用	メンバー採用	・現場メンバークラスの中途採用 ・入社人数と採用単価が最終KPIになる	現場の課題に直結する ➡人事部＋事業部メインで解決すべきこと
× 新卒採用	通常採用	・人数を重視した通常の新卒採用 ・入社人数と採用単価が最終KPIになる	現場の課題に直結する ➡人事部＋事業部メインで解決すべきこと
新卒採用	特殊採用	・ターゲットを絞った新卒採用 ・目的に応じた成果が最終KPIになる	経営と現場両方の長期的な課題に直結する ➡経営陣主導で、現場を巻き込みながら解決すべきこと
× 企業イメージ	体験資産	・従業員体験、選考体験、インターンシップ体験からくる評判やクチコミ情報	経営と現場両方の長期的な課題に直結する ➡経営陣主導で、現場を巻き込みながら解決すべきこと
企業イメージ	メディア資産	・PRや記事、SNSなど、メディア上での自社のブランドに関する情報	経営と現場両方の長期的な課題に直結する ➡経営陣主導で、現場を巻き込みながら解決すべきこと

＝ **勝ち続ける採用の仕組み**

スタートアップの「エグゼクティブ採用」は必ずトップが担当せよ

スタートアップの生死を分ける採用

「上場し成長し続けるスタートアップと、途中で成長が止まる企業の違いは何か」

そう聞かれたら、あなたはどう答えるだろうか。マクロ環境、事業ドメイン、競合環境、資本政策、経営管理、ガバナンス体制……事業成長がいつまで続くか、上場できるかは、多種多様な要素が絡み合っている。では、採用の観点から、この問いに答えるとすれば、何がキーとなるか。結論から言うとエグゼクティブ採用、「経営チームの組成がうまくいったか」「改善され続けているか」だと私は考えている。

伸び続けるスタートアップは、経営者が常に最善・最適な経営チームの採用と組成にコミットし、経営チームの新陳代謝を図っている。一方、途中で成長が止まる企業は経営チームが弱い、またはエグゼクティブ採用にコミットしていないことが多い。

放っておくと組織は「左側」に偏る

なぜ、エグゼクティブ採用には経営陣がコミットすべきなのか。それは、事業成長を最大化させるための「人材ポートフォリオ」を最適に保つためだ。人材ポートフォリオとは、社内の人材をいくつかのタイプに分類し、人材を組み合わせる分析手法をいう。有名なものでいうと、「組織×個人」と「運用×創造」のポートフォリオがある（次ページ）。事業フェイズが変われば、最適な人材ポートフォリオのバランスも変わる。

そして、放っておく（通常の新卒採用や中途採用をしている）と、人材ポートフォリオは左側に偏る。これは求職者としての発生確率と採用難易度の観点を考えれば必然的な結果である。言い換えると、（少なくとも採用時点では）左側の人材の方が市場に多く存在し、

人材ポートフォリオは配分が重要

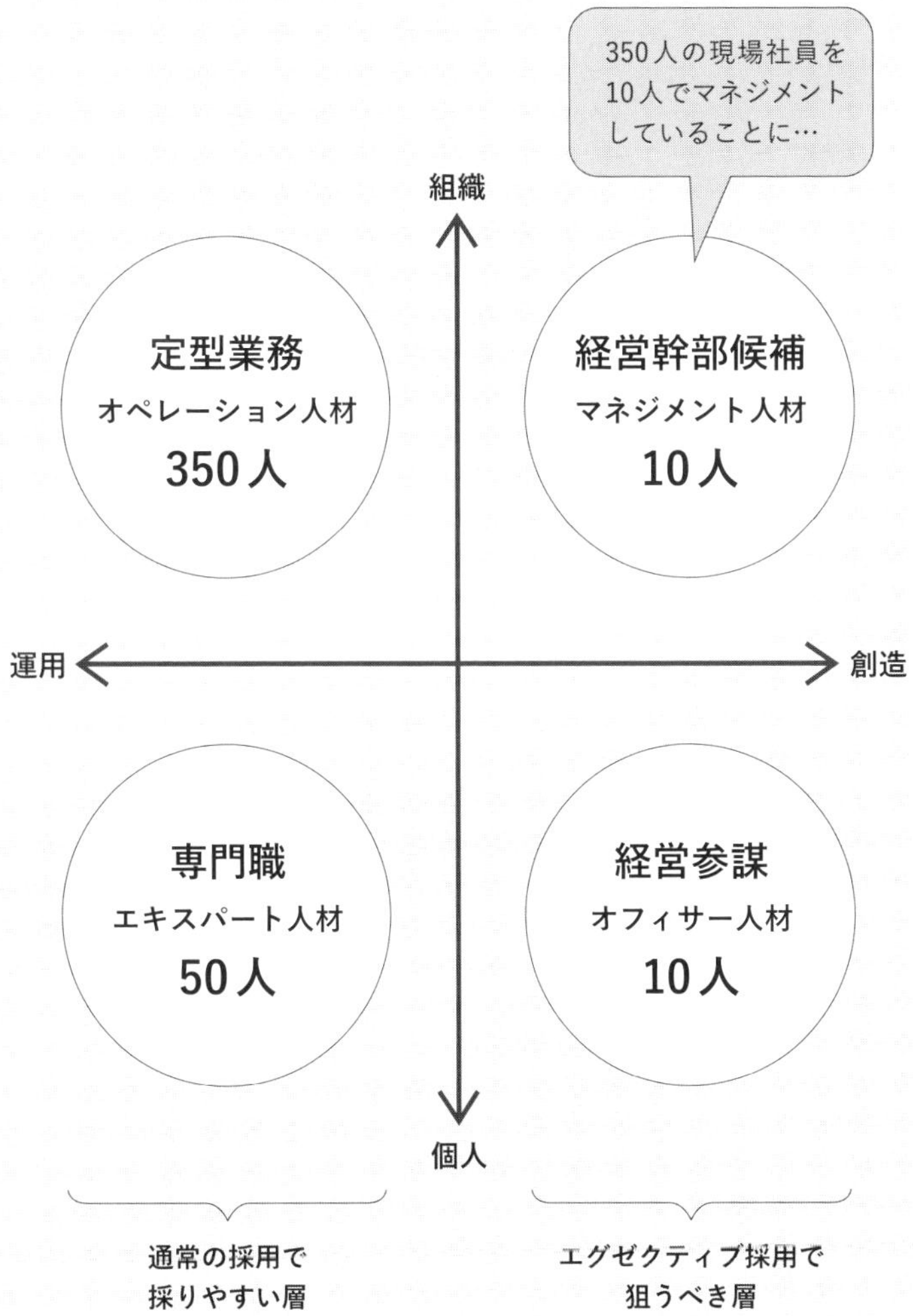

採用も比較的容易である。そのため、意識せずに放っておくと偏ることは必然＝自然現象なのだ。

一方で、スタートアップの経営者がやるべきことは、この自然法則に逆らうように、エグゼクティブ採用にコミットし、事業や組織の基準値を上げ続け、最善の経営チームを組成することだ。

スタートアップ企業が組織内部から崩壊したりするのは、この構造を見抜けず、経営者がエグゼクティブ採用にコミットしなかったことが原因だと私は考えている。

実際、日本を代表する起業家・経営者である、孫正義氏や柳井正氏、永守重信氏の自伝や書籍を読めば、彼らが常に最善の経営チーム組成・採用にコミットしていたことがわかる。

「利用するサービス」を決める

外部サービスの選び方、4つのポイント

採用活動において、外部サービスの利用は非常に重要な要素である。採用の課題を効果的に解決するためには、自社のニーズに最適なサービスを選定し、不要なものは避けることが不可欠である。適切なサービスを選ぶことで、採用活動の効率化と質の向上を図ることができる。

以下に、サービス選定のポイントを挙げた。

①採用の種類に応じたサービスの選定

新卒採用、中途採用、エグゼクティブ採用など、採用の種類によって必要なサービスは異なる。たとえば、新卒採用では求人メディアへの露出や採用イベントへの出展が効果的であるが、エンジニア職などの特殊な採用では、専門の求人サービスを利用するのが最適だ。

②ベンダーの専門性と実績

サービスを提供するベンダーの専門性や実績を確認する。特定の業界や職種に特化したベンダーと、総合型のベンダーは目的に応じて使い分ける方がよい。過去の実績や他社の導入事例も参考にする。

③コストとリソースの管理

サービスを利用する際のコストと、社内リソースのバランスを考慮する。高額なサービスが必ずしも最良の結果をもたらすわけではなく、コストパフォーマンスの高いサービスを選ぶことが重要。導入後の運用にかかる手間やリソースも見積もっておくべきである。

④サービスの柔軟性とサポート体制

サービスの柔軟性やカスタマイズ性も重要なポイントである。自社の採用プロセスに適応するかどうか、必要に応じてカスタマイズが可能かを確認する。また、サポート体制が充実しているベンダーを選ぶことで、トラブル発生時にも迅速に対応できる。

チェックリスト：自社の採用機能ポートフォリオをつくる

最後に、ここまでの内容を改めて振り返るためのチェックリストを用意した。一概に「採用に課題がある」と言っても、どこの課題のことを話しているのか、誰が主体となる課題のことを話しているのかを整理することで、論点がクリアになる。

◎＝非常に順調。課題なし
◯＝順調。課題はあるが優先度は低い
△＝一部課題あり
×＝大きな課題あり、または取り組めていない
?＝状態不明

自社の状況を次のページの図に書き込んでみよう。この作業を、採用担当者だけでなく、関わるメンバー全員で行うことで、認識を共有した上で次のステップに進める。

採用機能ポートフォリオチェックリストで、自社の状況をチェック

採用で勝ち続けるための3つの機能	課題別の種類	定義	チェック（例）
中途採用	エグゼクティブ採用	・経営レイヤー／CXOの採用活動のこと ・業績への貢献を目的とする	？
	メンバー採用	・現場メンバークラスの中途採用 ・入社人数と採用単価が最終KPIになる	△
✕			
新卒採用	通常採用	・人数を重視した通常の新卒採用 ・入社人数と採用単価が最終KPIになる	◎
	特殊採用	・ターゲットを絞った新卒採用 ・目的に応じた成果が最終KPIになる	✕
✕			
企業イメージ	体験資産	・従業員体験、選考体験、インターンシップ体験からくる評判やクチコミ情報	？
	メディア資産	・PRや記事、SNSなど、メディア上での自社のブランドに関する情報	○

＝

勝ち続ける採用の仕組み

◎＝非常に順調
○＝順調
△＝一部課題あり
×＝大きな課題あり
？＝状態不明

自社が優先すべき課題を明らかにする

「採用競合企業」を設定する

「どの会社がライバルか」を設定すると自社の課題が見えてくる

採用戦略を立てる際に「採用競合企業」の設定は非常に重要だ。採用は一人の求職者を複数社で取り合う構造になっている。もしも採用競合が一社もない独占市場であれば、課題は発生しない。言い換えると、根本的に採用の課題は競合がいるから発生しているのであり、採用競合を設定していない採用課題は論点がずれてしまうことが多い。

ところが実際には、採用競合の設定がなされていないケースが多々ある。商品やサービスを営業するときには必ず競合を想定するのに、採用となると、自社のことだけに目を向けてしまう企業が非常に多い。

さらに、採用競合の設定が重要な理由は「採用施策のスケジュール」にも関係している。特に新卒採用の場合、採用競合がいつから動き出し、どういうインターンシップを行い、どういうイベントに出展しているかを踏まえて戦う必要があるからだ。中途採用の場合も、競合がメディア露出をどの時期に増やしているかを把握しておけば、その前後に合わせた対策を打つことができる。

三井住友フィナンシャルグループの競合はコンサルファーム

適切な採用競合の設定は採用戦略の土台だ。

たとえば、三井住友フィナンシャルグループ（ＳＭＢＣグループ）の例で見てみよう。ＳＭＢＣグループといえばメガバンクの一社であるが、採用戦略の観点でいうと、近年では最大の競合はメガバンクではなく、コンサルティングファームや事業会社中心になってきている。同社は、２０２０年代前半から全社で「脱・金融」を掲げて[※1]、金融に限らない価値創造事業を目指してきた。同時に、採用競合も金融業界だけではなく、有名コンサルティングファームや総合商社志望層を意識した採用を強化してきた。結果、直近で当社が調査した就職人気ランキングでも、メガバンク内では1位[※2]、そして、コンサルティングファームに対しても優位なポジションを獲得した。

SMBCグループの採用戦略の成功は、採用戦略が事業戦略の変化に紐づいて変化した好例だろう。この例からもわかるように、採用競合の設定が重要である理由は、事業環境が変化し続けているからなのである。

「現状ベース」「あるべき論ベース」で考える

では、具体的にどのようにして、採用競合を特定すれば良いか。

①現状ベース
②あるべき論ベース

で分けて考えてみると、視野がグッと広がるはずだ。

※1 参考 https://www.bloomberg.co.jp/news/articles/2023-11-27/S4RGMDT1UM0W01
※2 https://www.onecareer.jp/articles/3414

たとえば、業界大手の自動車メーカーの①現状ベースの採用競合は、同じ業界の他自動車メーカーだ。一方で、②あるべき論ベースで採用すべき層は、IT業界やコンサルティング業界といった、違う業界の志望者かもしれない。

同業界の企業と戦う場合、求職者への説明はシンプルだ。自動車業界内の売上順位や年収水準、働く環境が比較のメインになる。

一方で、他の業界と戦う場合、事業内容の価値や社会的価値、業務内容で比較軸をつくり、戦う必要が出てくる。つまり論点の具体性や抽象性が変わるのだ。

- 同業他社との戦い↓比較軸がわかりやすく、論点が具体的な話になりやすい
- 他業界との戦い↓比較軸を自社でつくる必要があり、論点が抽象的になりやすい

特に今の求職者は、最低でも2～3業種以上を比較して就職先を決めることが多い。そのため、同業他社だけを意識した採用戦略は自社都合の観点に偏り、結果、採用に失敗する原因になりやすい。

ちなみに「あるべき論ベース」の競合を他業界に設定する際には、他業界のトップ企業を想定して「どうせかなわない」とか、「そもそもどんな企業があるかわからない」と投げやりになりがちだ。

自社が業界の枠を破って外に出るときこそ、その業界の「中堅企業」(業界トップ3以外の企業)を調べてみるといい。こうすることで、たとえば「5大商社には勝てなくても、中堅の商社には勝とう」などと考えやすくなる。つまり、あるべき採用競合とは「業界」×「ティア(=業界内の順位)」で整理するといい。

「そもそもどんな会社が採用競合なのか全く思いつかない」という場合は、ひとつ方法がある。社内で活躍している人物(=ハイパフォーマー)にヒアリングし、就職・転職活動のときに「自社以外に見ていた企業」を洗い出すのだ。すると、想定していなかった他業界の企業名が挙がることも多い。「あるべき論ベース」の競合を決定する場合、かなり参考になるだろう。

第2部
実践編

第1部では、企業の採用担当者が知るべき採用活動の土台を紹介してきた。第2部では、採用の「問題」を具体的に取り上げる。「これ、うちの会社にも当てはまるな」という章から読んでいってほしい。

第4章

「企業イメージ」の問題解決

企業イメージがない、弱い、悪い

第2部で取り扱うこと

採用で勝ち続けるための3つの機能	課題別の種類	定義	
中途採用	エグゼクティブ採用	・経営レイヤー／CXOの採用活動のこと ・業績への貢献を目的とする	第5章 第6章
	メンバー採用	・現場メンバークラスの中途採用 ・入社人数と採用単価が最終KPIになる	
✕			
新卒採用	通常採用	・人数を重視した通常の新卒採用 ・入社人数と採用単価が最終KPIになる	
	特殊採用	・ターゲットを絞った新卒採用 ・目的に応じた成果が最終KPIになる	
✕			
企業イメージ	体験資産	・従業員体験、選考体験、インターンシップ体験からくる評判やクチコミ情報	第4章
	メディア資産	・PRや記事、SNSなど、メディア上での自社のブランドに関する情報	
＝			
勝ち続ける採用の仕組み			

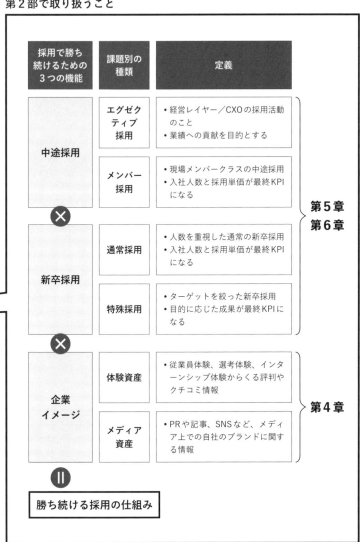

「実践編」の位置づけ

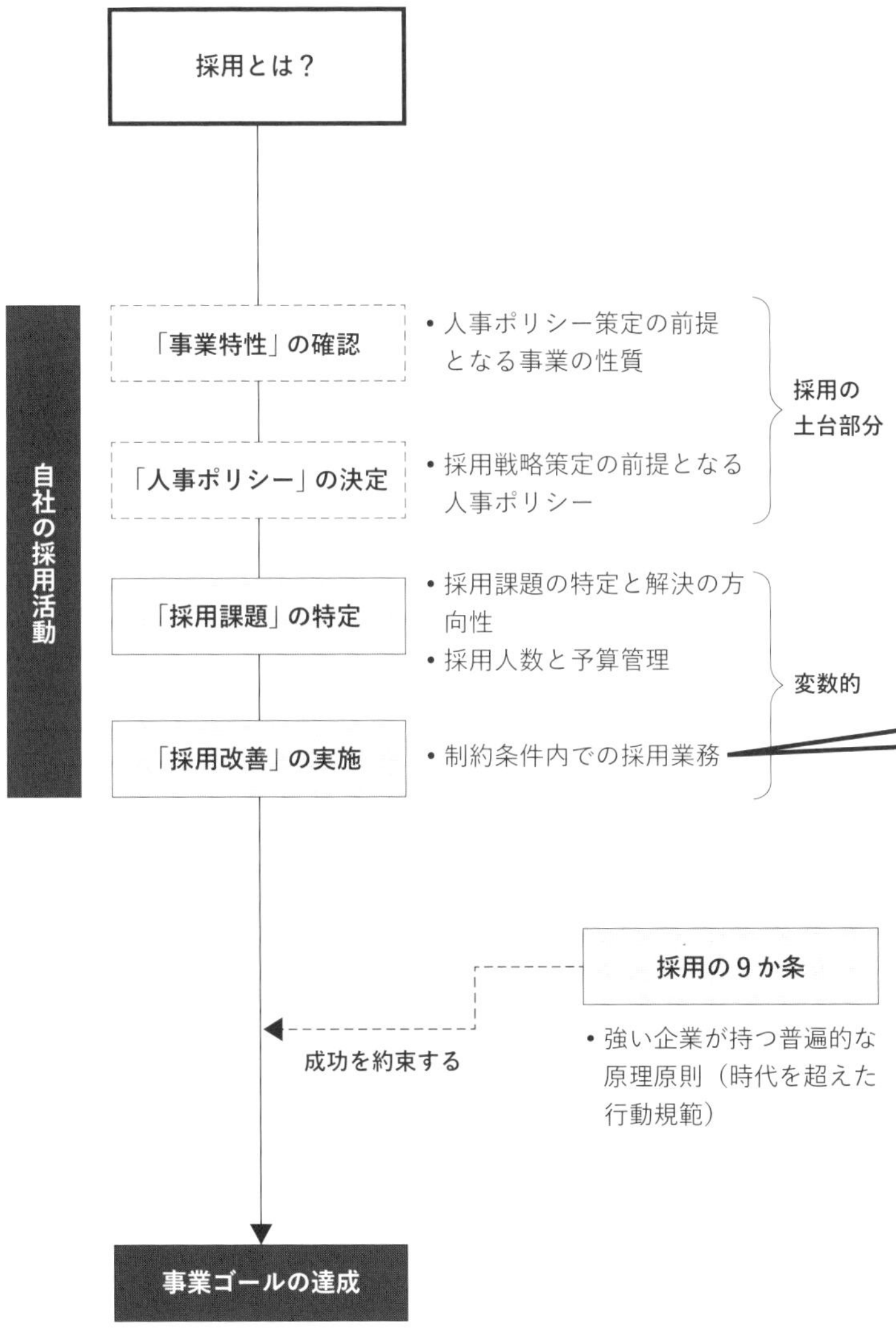
採用とは？
自社の採用活動
「事業特性」の確認
• 人事ポリシー策定の前提となる事業の性質
「人事ポリシー」の決定
• 採用戦略策定の前提となる人事ポリシー
採用の土台部分
「採用課題」の特定
• 採用課題の特定と解決の方向性
• 採用人数と予算管理
「採用改善」の実施
• 制約条件内での採用業務
変数的
採用の９か条
• 強い企業が持つ普遍的な原理原則（時代を超えた行動規範）
成功を約束する
事業ゴールの達成

企業イメージとは何か

企業イメージを構成する「体験資産」と「メディア資産」

第1部で、「企業イメージの最終ゴールは評判のスコアが良く、認知度が高い状態である」と述べた。一方で、

「うちの会社にそんなものはない、考えたこともない」

「そもそも業界のイメージが悪い。採用にはマイナスでしかない」

「同じ業界のトップ企業のイメージは知られているが、自分たち中小企業はそれに太刀打ちできない」

などという悩みは、本当によく耳にする。

そこで、本章では、ゼロから企業イメージをつくる方法、一度与えてしまった悪い企業イメージの変え方について具体的に伝えていく。

「企業イメージ」は、いわばその会社が持つ無形の「資産」だ。企業イメージが強い企業は「〇〇っぽい」と言われるケースが多い。たとえば、リクルートっぽい、キーエンスっぽい、三菱商事っぽい、トヨタ自動車っぽい、サイバーエージェントっぽい……これらの企業には、わざわざ言語化しなくても伝わる強いイメージが存在する。その会社が持つカルチャーが、誰が見てもわかる形でにじみ出ているのだ。

採用の観点からも、「〇〇っぽい」ことは、大きなプラスである。単なる「優秀な人材」ではなく、「自社に合った、活躍できる人材」を惹きつけることができるからだ。

本書では、企業イメージを「体験資産」と「メディア資産」の掛け算で構成されると定義している。

このうち、体験資産は評判（＝クチコミの点数）と連動している。メディア資産は、人気度を表すデータ（＝認知率）に直結する。

レストランでの食事体験でたとえるなら、食べログやGoogle Mapの点数が縦軸（＝クチコミの点数）である。一方で、レストランの広告出稿や店舗数による認知率が横軸（＝人気度の数）である。評判が良くて、かつ、認知もされている状態を目指す上で「体験資産」と「メディア資産」の両方が必要であるが、目的を持ったコントロールが必要になる。

● 体験資産

「体験資産」とは、候補者が採用プロセスや企業との接点を通じて得る体験や印象を指す。

具体的には、以下のような内容が体験資産を高める施策に該当する。

- 採用イベント
- オフィスツアー
- 社員との交流座談会
- 面接の雰囲気

体験資産は、候補者が企業に対して抱く興味や信頼を大きく左右する。これがうまく機能しない場合、採用の障壁になる。たとえば、体験資産が十分に整備されていないと、面接やオフィスツアーで候補者に対して魅力的な印象を与えることができず、入社意欲を高めることが非常に難しくなる。

また、社員の態度や対応が適切でない場合、候補者に対してネガティブな印象を与えてしまうリスクがある。その結果、採用イベントには参加してくれるものの、その後の面接参加や内定承諾にはつながらないことが多くなる。

・メディア資産

「メディア資産」とは、採用サイト、採用広報コンテンツ、メディア露出記事、リリース、SNSアカウント上での発信内容などを指す。「フロー型」の１回限りで消えてしまうものではなく、資産として残るものと定義している。

スタートアップ企業や中小企業は知名度がなくて母集団形成に苦労するわけだが、これはメディア資産がないことが原因だ。たとえば、応募は集まるものの自社が求める要件に満たない人材ばかり集まってしまう、入社後のギャップや既存社員とのハレーションが大きく苦労する、また間接的だが、自社の定着率や新卒採用、中途採用の歩留まりが低いなど、多くの負の影響がある。

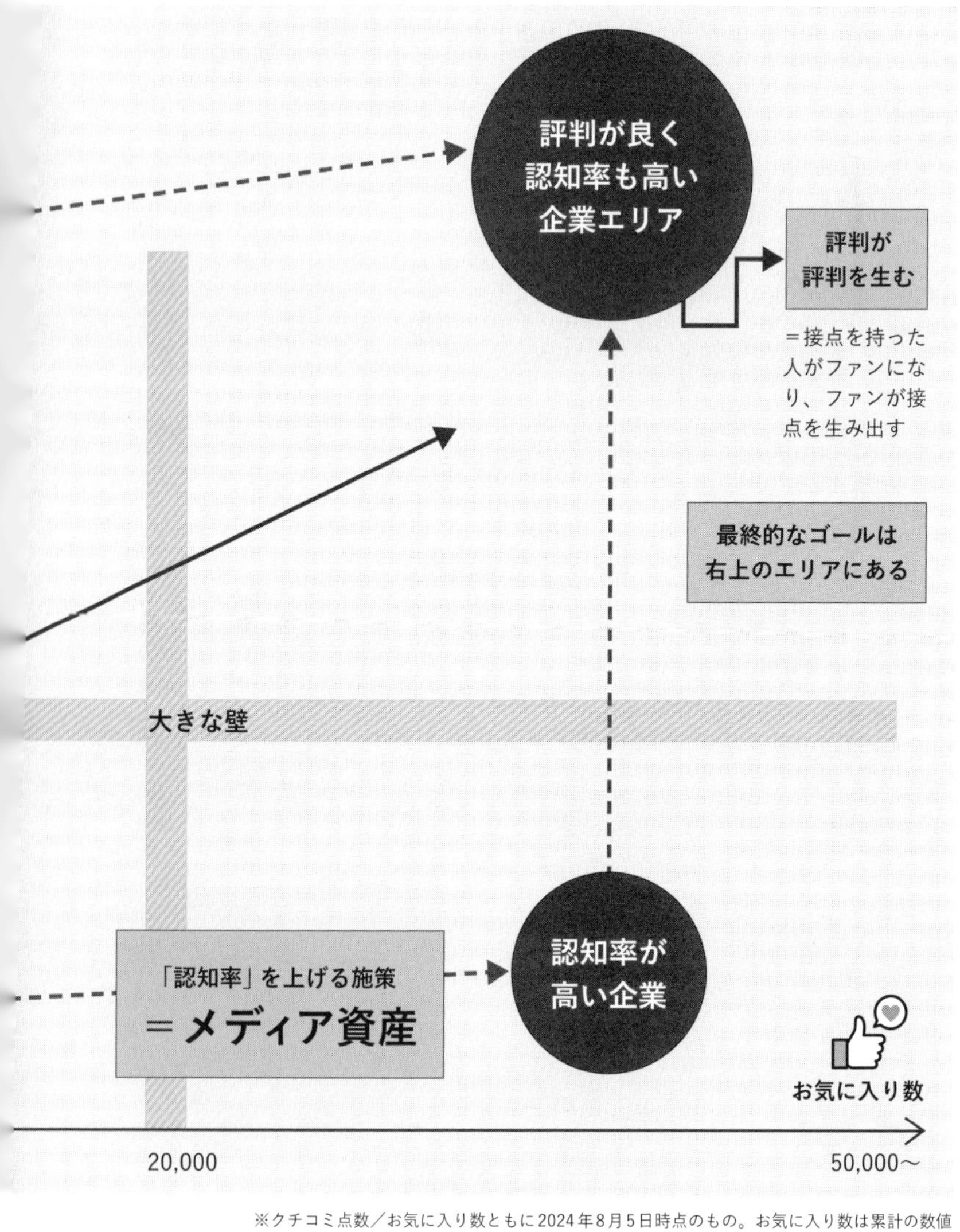

※クチコミ点数／お気に入り数ともに2024年8月5日時点のもの。お気に入り数は累計の数値

評判を上げるための「体験資産」と認知率を上げるための「メディア資産」

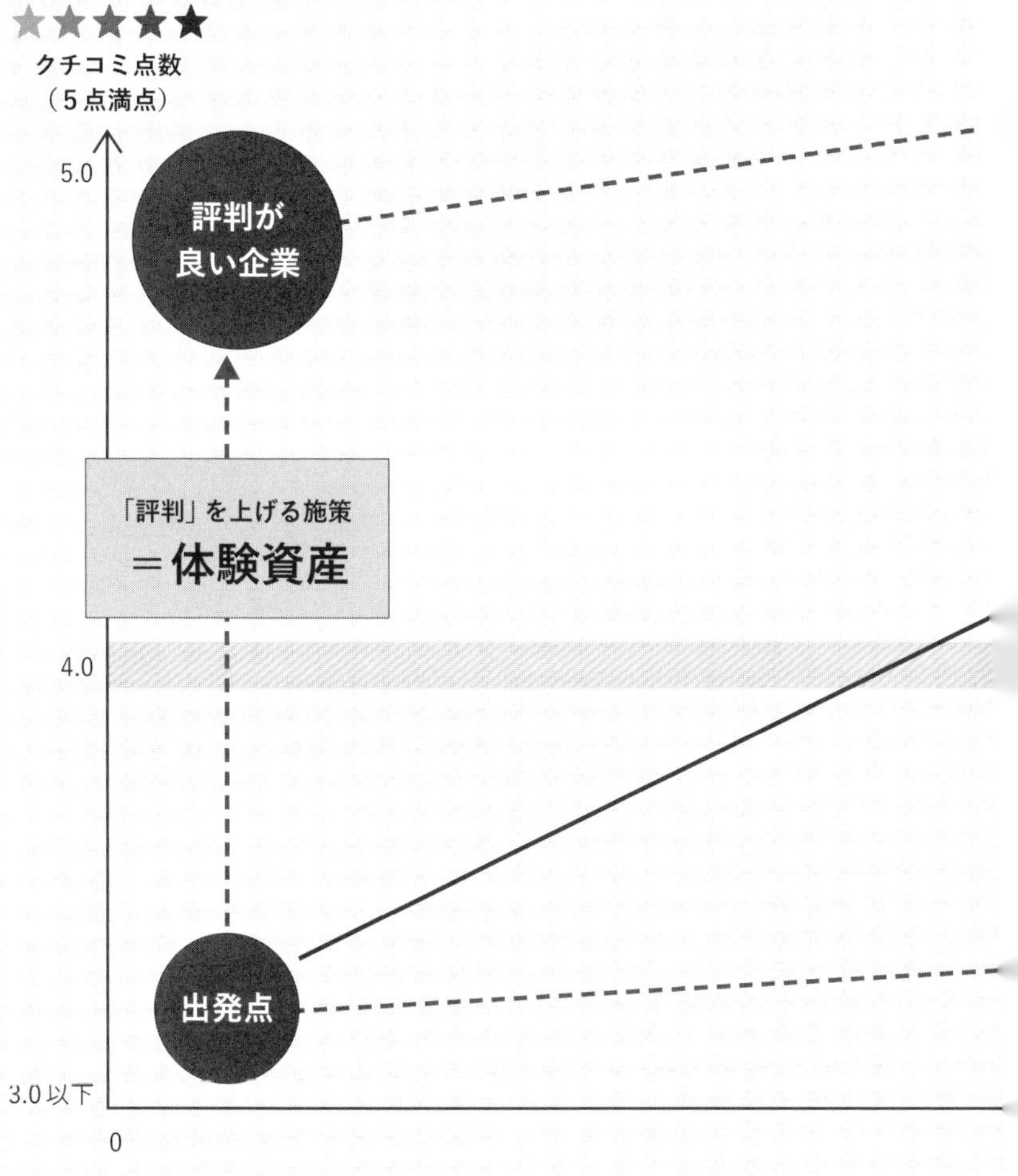

ステップ①「質的ゴール」を決める

「自社がどう見られたいか」を考える

企業イメージは4つのステップで構築できる

企業イメージの構築は、次の4つのステップで考えていく。

ステップ①「質的ゴール」を決める
ステップ②「フェイズ」を決める
ステップ③「体験施策」を設計する
ステップ④「コンテンツポートフォリオ施策」を設計する

企業イメージ構築の最終ゴールは、108〜109ページの図の右上のエリアに数値ベースで到達することだ。一方で、「自社がどういうイメージを持たれたいか」という質的なゴールも重要になる。

企業イメージを強化するためには、社員の成長機会や働きやすさ、社会貢献、技術革新、国際性などを具体的に打ち出し、求職者が理解しやすい形に翻訳する必要がある。

以下は、HRの観点から構築できる企業イメージと具体的な企業の一例である。自社がどんなイメージを目指すのかの参考にしてほしい。

●若手の成長機会が豊富な企業

具体例：リクルートホールディングス

イメージ：社員一人ひとりの成長機会が豊富で、キャリアアップの道が広がっている。

手法：社員のキャリアパスや成功事例をメディアやイベントで紹介し、社内での成長機会を強調する。

●働きやすさを重視する企業

具体例：サイボウズ

イメージ：柔軟な働き方ができ、ワークライフバランスを重視している企業。
手法：リモートワーク制度やフレックスタイム制度の導入事例を広報し、働きやすさをアピールする。

●報酬・待遇が良い企業

具体例：キーエンス
イメージ：業績連動型のボーナスや成果に基づく報酬制度により、社員の努力が正当に評価される企業。
手法：実績に応じた報酬制度やIR上の数字を通じて、努力が報われる環境を強調する。

●社会貢献に積極的な企業

具体例：ユーグレナ
イメージ：環境や社会問題に対する取り組みが評価されている企業。
手法：CSR活動や環境への取り組みをメディアで紹介し、社会貢献の姿勢を強調する。

●技術革新をリードする企業

具体例：トヨタ自動車

イメージ：最先端の技術開発やイノベーションを推進している企業。

手法：技術開発の成果や新製品を広報し、技術革新の姿勢をアピールする。

●国際的な視野を持つ企業

具体例：三菱商事

イメージ：国際的に活躍する機会が多く、グローバルな視点で事業を展開している企業。

手法：海外事業の展開や国際的なプロジェクトの事例を紹介し、国際性を強調する。

ステップ②「フェイズ」を決める

企業イメージのビルド期、メンテナンス期、チェンジ期

フェイズごとにやるべきことが違う

質的なゴールが決まったら、次は自社の状況を確認する。

自社の企業イメージをつくる場合、何を伝えるのか「以前」に気をつけないといけないことがある。それがフェイズ、つまり自社が今いる局面の違いだ。企業イメージの構築期（＝ビルド期）、企業イメージの調整期（＝メンテナンス期）、企業イメージの変革期（＝チェンジ期）により、やるべきことが異なる。

まずは3つのフェイズの内容を見てみよう。

●構築期(＝ビルド期)

企業イメージがまだ何もない状態。スタートアップ企業、全国に展開しようとする地元企業などが、求職者に知られておらず困っているケースが該当する。

構築期は、一定の「露出量」が必要になる。とにかく知ってもらうこと、興味を持った候補者が検索エンジンやSNSで検索した際に情報がヒットすること。そのためコンテンツや情報の量が必要になる。

●調整期(＝メンテナンス期)

企業イメージが一定の規模になり、エントリー数もある程度確保できている状態。たとえば、老舗の大企業で、ナビサイトなどの求人メディアに求人募集を出しているだけで、募集が数百件以上入るようなケースがこれに当たる。企業イメージへの課題は顕在化しておらず、いわゆる茹でガエルになっていることもある。課題が顕在化しない分、実は最もリスクを抱えやすい時期でもある。

調整期は露出の質が重要になる。既に一定の知名度があるため、どの場所で、どのターゲットに対して、どんなメッセージを伝えていくのかを厳密にコントロールする必要がある。加えて「誰から」「どう言われるか」が重要になる。

構築期と違って、必要以上の量を出すことは、ブランド毀損につながる。また、この時期は従業員満足度を高めるための施策も重要になる。

●変革期（＝チェンジ期）

事業変革等によって、企業イメージを変えないといけないタイミング。IT企業や大企業で、新規事業や事業再編、業績不振によって、新たに採用したい層がいるにもかかわらず、リーチできていないで困っているケースがこれに当たる。特に既に企業イメージ構築期を終えて安定運用しているため、「人気企業だから受けている層（＝ミーハー層）」が母集団の中心になりやすい。この時期に手を打たなければ、安定・安心志向の人だけが集まる会社になり、変革がとどこおるリスクがある。

変革期は露出の量も質も重要になる。いったんついた企業ブランドやイメージを拭うことには非常に時間がかかり、成果が出るまで最低でも1年以上の時間がかかる。ブランドチェンジのタイミングでは、社内外から反発も生まれやすい。これを打ち返すだけの量と質の両面が必要になる。

時期による採用広報戦略の違い

時期	方針	定義
構築期（ビルド期）	• 露出量が大事	• 企業イメージがまだ何もない状態 • ゼロから企業イメージを構築する時期。この時期はまず量が必要
調整期（メンテナンス期）	• 露出の質が大事 • 従業員満足度が大事	• 企業イメージが一定規模で存在し、安定している状態 • 企業イメージを細かくメンテナンスし、改善する時期 • この時期は施策の質が大事。質とは「誰からどう言われるか」を指す
変革期（チェンジ期）	• 露出の量も質も大事 • 従業員満足度は一時的に下がる傾向	• 企業イメージを大きく変える時期 • 社内に対しての刺激も必要なため、露出の量と質の両方が重要（＝既存社員の従業員満足度が下がりやすい）

同業他社と比較すると「自社のフェイズ」がわかる

自分たちが3つのどのフェイズにあるのかを調べるには、同業他社と比較するとわかりやすい。

外部ベンダーの数字を使ってもいいし、ネットで検索する形でもいいだろう。たとえば、当社のONE CAREER CLOUDでは「お気に入り登録数」という指標を使って、同業他社に対しての自社の認知・興味率を客観的に比較できる。数字を見るだけなら無料なので、ぜひ利用してほしい。

また、外部の採用サービスを使わなくても、代替手段はいくらでもある。公式SNSのフォロワー数比較、Googleトレンドで検索してもいい。たとえば「自社名　採用」と「競合名　採用」を比較すれば、自社の認知・興味率の目安になる。

ステップ③「体験施策」を設計する

企業イメージの縦軸を上げる「体験施策」

体験施策：説明会・インターンシップ体験、選考体験、社員体験

質的なゴールとフェイズが決まったら、次は体験施策の設計だ。

体験施策とは、候補者と企業とが直接会って接する機会のこと。企業の魅力を候補者に実感させるための重要な手段になる。これらの施策を通じて、企業のリアルな姿を伝え、候補者のエンゲージメントを高めることが求められる。候補者を「選ぶ」時代はとうに終わり、候補者を「見極めつつ志望度を上げる」施策の重要度が上がってきているのだ。

具体的には、以下のような施策が含まれる。

この中でも企業イメージ構築に特に重要なのが（新卒限定であるが）「インターンシップ体験」である。その理由は、候補者との深い接点を構築できること、そしてリーチできる採用ターゲットが広いからである。

会社説明会や、社員交流イベントは自社に一定の興味がある顕在層がメインターゲットになるが、インターンシッププログラムは設計次第によっては自社に元々は興味が薄かった潜在層にも接点を持つことができる。

また、最近では面接プロセスでの評判をつくる「選考体験」と、入社後の社員や退職者が自社を評価する「社員体験」も非常に重要になってきている。求職者がこれらの体験をもとに企業を選んでいることが、外部の調査結果でもわかっている。

●インターンシップ体験（新卒中心）

学生や若手の候補者に対して、実際の業務を体験してもらうプログラムを指す。インターン期間中に企業の一員として働くことで、企業文化や職場の雰囲気を深く理解してもらう。

●選考体験

選考体験とは、候補者が面接や面談などの選考過程で経験するすべての出来事を指す。これには、面接官との対話の質、面接の雰囲気、試験の内容、フィードバックの適時性と詳細さ、さらには合否連絡のスピードや正確さなどが含まれる。

たとえば、合否連絡が迅速であれば、候補者に対する企業の誠実さや透明性が感じられ、信頼感が生まれる。また、面接官が候補者の質問に対して丁寧かつ明確に答えることで、候補者は企業の文化や価値観をより深く理解することができる。逆に、選考過程での体験が不快なものであれば、優秀な人材を逃してしまうリスクが高まる。そのため、企業は選考体験を一貫して高品質に保つことが重要である。

●社員体験

社員体験とは、現役社員や退職後の社員が企業での勤務を通じて得る全体的な経験を指す。これには、日常の業務内容、社内の人間関係、キャリア成長の機会、福利厚生、労働環境、マネジメントのスタイルなどが含まれる。現在では、社員の体験は「社員クチコミ」として外部メディアに集積され、企業の評判に大きな影響を与える。

ポジティブな社員体験は、企業の魅力を外部に広め、優秀な人材を引き寄せる助けになる。たとえば、社員が企業の働きやすさや成長機会について高く評価するクチコミを残せば、求職者にとってその企業が魅力的に映る可能性が高まる。一方で、ネガティブな体験が多い場合は、求職者がその企業を避ける原因となる。そのため、企業は社員の声に耳を傾け、継続的に働きやすい環境を整える努力が求められる。

「候補者エクスペリエンス」を向上させよ

ここで知っておきたいのが「候補者エクスペリエンス」という考え方だ。候補者エクスペリエンスとは、「応募から職場に順応するまでの候補者の経験」のこと。この経験をどのようにスムーズで忘れがたいものにするかが、企業イメージにも直接影響を与える。

候補者体験上の「取りこぼし」は、辞退者にヒアリングしても直接の原因として出てこないケースが多い。もしも各チャネルの歩留まりが昨年よりも悪くなっている場合、以下のチェックリストを使って取りこぼしがないかをチェックし、改善に活かすといい。

良い候補者エクスペリエンスと、悪い候補者エクスペリエンス

カテゴリー	良い候補者エクスペリエンス	悪い候補者エクスペリエンス
応募プロセス	簡潔で直感的、モバイル対応済み	複雑で時間がかかり、モバイル非対応
コミュニケーション	迅速なフィードバック、透明性のある情報提供	フィードバックが遅い、またはなし、情報が不明瞭
面接プロセス	パーソナライズされた質問、快適な環境	一方的な質問、不快な面接環境
オファー手続き	明確なオファーレター、柔軟な交渉可能性	曖昧な条件、交渉の余地なし
オンボーディング	カスタマイズされたプログラム、メンターシップの提供	一律のオンボーディング、サポート不足
技術の活用	テクノロジーを使った即時Ｑ＆Ａサポート、最新で使いやすいデジタルツールの利用	古い技術の使用、デジタルツールの不足
社内文化の紹介	企業文化と価値観の積極的な紹介	企業文化や価値観の情報が不足
フィードバックとフォローアップ	定期的な面談、建設的なフィードバック	フィードバックの欠如、フォローアップの不足

ステップ③「体験施策」を設計する

社員体験の価値を言語化する

「自社のことを、もしひと言で覚えてもらうとしたら？」

ここまでが一般論だが、では、実際に、インターンシップや自社サイト用コンテンツ、会社説明会の際に何を伝えていけばいいのか？　これは、その企業のコアともいえる強み、魅力を言語化し、共通認識を形成していくプロセスになる。

具体的には、次のステップで考えていこう。

社員体験の価値をひと言で言語化する

↓

なぜその価値が重要なのかを言語化する
←
根拠になる社内事例やデータを集める

実際に採用担当者が悩むのは、自社の魅力のうち、何を押し出すべきかがわからないときだ。企業イメージの根幹は、言うまでもなく自社の魅力である。自社の魅力は、求職者目線で言い換えると「社員になると、どんなメリットがあるのか」「仕事にどんな魅力があるのか」という社員体験の価値を言語化したものになる。

ところが、社内にいると自社の状況が当たり前すぎて、この言語化ができないこともある。そこでおすすめしたいのが、「自社のことを、もしひと言で覚えてもらうとしたら？」を明確にすることだ。もちろん、実際には伝えたいことはひと言以上あるため、複数個あってもいいが、このプロセスで魅力を端的に言語化できる。

会社説明会や候補者との面談を想像したときに、最後に、いろいろ伝えたいことはあるが、自社のことをひと言で覚えてもらうとしたら何を伝えるべきか。これが言語化されたものが社員体験の価値になる。

社員体験の価値6つのパターン

ちなみに、社員体験の価値には以下のようなパターンがある。「自社のことを、もしひと言で覚えてもらうとしたら？」の参考にしてほしい。

・【経済価値】報酬や、与えられるポジションがいい
・【業務価値】実際に取り組む業務内容や、得られる経験がいい
・【組織価値】人や社風、福利厚生など、働く環境がいい
・【目的価値】企業が取り組む課題やビジョンがいい
・【就労リスク価値】配属リスク、転勤リスク、転職できないリスクが低い
・【時期的価値】事業環境などのタイミングに起因する、今入社することの魅力

前半の4つは事業や組織の本質的な価値（＝コア価値）である。一方で、後半の2つは求職者にとっては実は重要な周辺的な価値（＝サテライト価値）である。社員体験の言語化は、「なぜ、あなたは当社に入社すべきなのか」を可視化したものともいえる。

「社員体験」で差別化するときの考え方

自社のことを、もしひと言で覚えてもらうとしたら？

コア価値	報酬やポジションがいい【経済価値】	• **報酬**：給与、株式報酬を中心とした金銭的魅力 • **ポジション**：社名の社会的評価や、肩書やポジションの魅力
	業務内容や得られる経験がいい【業務価値】	• **業務**：実際に取り組む業務の魅力ややり甲斐、面白さ • **経験、スキル**：得られるスキルや経験
	人や社風、環境がいい【組織価値】	• **人や社風**：働く人の熱量や知性、相性 • **環境**：労働環境や福利厚生の魅力
	取り組む課題やビジョンがいい【目的価値】	• **課題**：自社の事業が取り組んでいる課題 • **ビジョン**：自社が掲げるビジョンへの共感
サテライト価値	就労リスクが低い【就労リスク価値】	• 配属リスクが低い • 転職できないリスクが低い
	時期がいい【時期的価値】	• 事業環境などのタイミングに起因する、今入社することの魅力

ステップ③「体験施策」を設計する

なぜその価値が重要なのかを言語化する

課題とセットで考える

社員体験の価値を言語化したら、次はその価値がなぜ重要なのかを言語化する。たとえば、自社のミッションを求職者に覚えてほしいなら、なぜそのミッションが重要なのか。どういう課題意識からミッションは生まれたのか。誰を助けたいのか。ミッションを実現した先にあるものは何かを言語化する。

このとき、価値が生まれた裏側にある「課題」を軸に話すと伝わりやすい。

たとえば「人の数だけ、キャリアをつくる。」という当社（ワンキャリア）のミッションを押し出すのであれば、ミッションが生まれた背景（＝課題）をセットで伝える。

「人の数だけ、キャリアをつくる。」

←(なぜ重要?)

「今の日本では、画一的で多様性のないキャリアしか選べないことが課題だから」


あるいは「若くして事業責任者になれるチャンスがある」ということが社員体験の魅力だとしたら、魅力の裏側にある課題を言語化するといい。


「若くして事業責任者になれるチャンスがある」

←(なぜ重要?)

「年齢だけ重ねて市場価値がない人が増えてしまうことが課題」

押し出したい価値と課題はセットにして話すことで、求職者は共感・理解がしやすくなる。

ステップ③「体験施策」を設計する

価値の根拠になる社内事例やデータを集める

RTB（Reason to Believe）を探せ

社員体験の価値を言語化したら、次に主張を強固にするための素材集めを行う。事例やデータ、ストーリーなど、ここで集める素材をRTB（Reason to Believe）と呼ぶ。RTBとはマーケティング用語で、顧客が商品やサービスを購入する際に感じる本質的な価値（≒ベネフィット）の「理由」や「証拠」となるもので、消費者に「信頼」や「納得」をもたらす。

たとえば、リポビタンDは「タウリン１０００mg配合」と宣伝することで、私たち消費者に「元気になるための根拠」を提供している。このイメージがあることで「疲れたときはリポDを飲もう」といった購買意欲が生まれるのだ。ＲＴＢはマーケティング施策全体の「根拠」として機能する。さらに、「クチコミ」を生む要素となるなど、他社との差別化を図るポイントとしても活用できる。

年収、労働時間データ、働く人……すべてが根拠になる

採用活動における、価値の根拠となるデータ（ＲＴＢ）の例を考えてみよう。

たとえば、自社が訴求したい価値が、「経済価値（＝報酬や、与えられるポジションがいい）」だとしたら、実際の世代や等級別の年収が該当する。データで見たときに、平均値や中央値はいくつになるのか、どんな事例があるのか、がＲＴＢになる。

別の例でいうと、人や社風、福利厚生など、働く環境がいいことを社員体験のコア価値として訴求するのであれば、実際にどんな人が働いているのか、オフィス環境や労働時間の実態を事例やデータとして収集する必要がある。これらのＲＴＢと「自社のことを、も

しひと言で覚えてもらうとしたら」がセットになって初めて、求職者は信頼して自社のイメージを構築できる。具体的には「インターンシップ（新卒）」「WEBコンテンツ（新卒・中途）」「会社説明会資料（新卒・中途）」で一貫して説明すべき内容になる。最も典型的なRTBは社員インタビュー記事である。

ステップ③「体験施策」を設計する

企業イメージは「数字」でつくれる

「年収1000万円」には翻訳不要の魅力がある

ここまで、企業イメージを強くするために「自社がどう見えるか」を設計する大切さを訴えてきた。しかし一方で、この翻訳作業をほとんど必要とせずに、企業イメージを訴求できる道具がある。それは「数字」である。金額で換算できるものは、基準が明確でわかりやすい。グローバルな企業とも比較が容易である。

たとえば、高年収・高報酬・売上規模が大きいことは、大半の求職者にとって非常に魅力的に映るからだ。よく使われる手法としては「20代で年収1000万円」「平均年収1000万円」といった表現がある。これらには翻訳不要の魅力がある。

エムスリーはGAFAMに、いかにして並んだか

年収や報酬だけが数字ではない。

実際に私が直接携わったケースに、エムスリーの企業イメージ構築がある。エムスリーは国内投資に関わる人であれば、知らない人はいないといえるほど知名度が高い企業だ。

一方で、新卒学生からの認知率に関しては課題があった。そのため、IR上の魅力をいかにHR観点でわかりやすく表現するかが重要だった。

具体的には以下のような数字を訴求した。他施策の効果もあり、2020年公開の東大京大就職ランキングでは、IT部門で2位になった。日本マイクロソフト、アマゾンジャパン、楽天、DeNAなどの超競合を軒並み抜き去り2位。同ランキングの1位はGoogle（現アルファベット）だったため、まさにGAFAM陣と肩を並べる結果になった。

〈RTBとなる数字〉

- 「15年連続」で増収増益
- 時価総額「1兆円」

- 「350万人」もの医師が登録
- 国内外で「17事業」を展開
- 製薬会社のMR人件費に「1・5兆円」

（いずれも取材当時の数字）

ここに書いてある数字を見れば、誰もが問答無用でエムスリーが「エクセレントカンパニー」だと認めるはずだ。数字は、短く、的確にその会社のイメージを決定する効果がある。

ステップ③「体験施策」を設計する

現場から、ボトムアップで企業イメージをつくる方法

予算が限られていてもできる3つのこと

現場から企業イメージをつくるときに重要なのは「インターンシッププログラム」「自社採用サイト」「会社説明資料」の3つだ。

この3つのコンテンツは、企業イメージをつくる上でコアとなる。なぜコアとなるかというと、一人の候補者に対して接触時間が長く取れる施策だからだ。インターンシップは、半日から数週間の時間を確保できる最長の施策。WEBコンテンツは、数秒から数十

情報の見せ方を変える

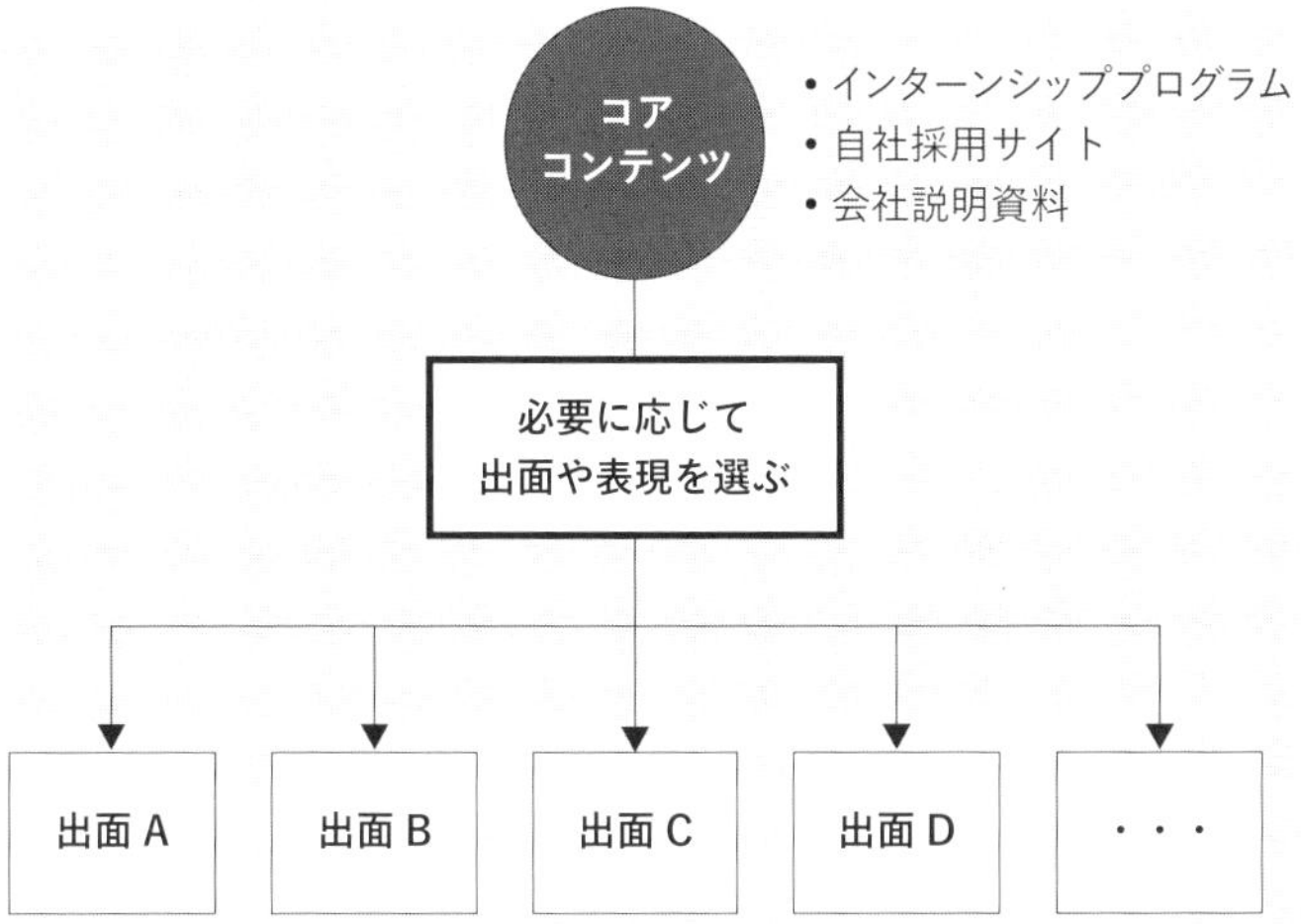

分の時間を幅広い層から獲得できる施策。会社説明も数分から数十分の時間を獲得できる。接触する時間が多いほど、ファンになってもらえる機会や施策が単純に多くなるため、コアの体験を設計する上で重要になる。

「候補者がコンテンツに接触する機会＝企業イメージをつくれるチャンスの数」と捉えるとわかりやすいだろう。では、具体的に何を意識すればよいのか、また何がダメな施策になり得るのだろうか。

インターンシップ、自社採用サイト、会社説明資料をつくる

インターンシップで学生がポジティブな感情を持ちやすい瞬間にはいくつかの共通点がある。キーワードは「学び」「驚き」「つながり」である。

ひとつ目は「学びがあること」。インターンシップに参加する前と後で知識やフレームワーク、視点が新たになっていること。

2つ目は「いい面での驚き」があること。参加者は何かしらの期待値を持ってインターンシップに参加している。事前に参加者の期待値を把握しておき、その期待値を超える要素を設計すること。たとえば、参加者が金融業界の実態について知りたいと思ってインターンシップに参加している場合、教科書やWEBサイトには載っていないような裏話や小ネタ、現場のリアルな体験を語ることで、期待値を超えやすくなる。

最後の3つ目は「横のつながりがあること」。毎年、インターンシップの満足度に大きな影響を与えるもののひとつに、参加者同士でのつながりが持てること、いわゆる、就活仲間を得られることがある。

次に、自社サイト用コンテンツは、「共感ポイントができるだけ多く存在していること」（共感）と、「求職者の疑問に網羅的に答えていること」（安心）の2つが重要になる。

最後に、会社説明資料は、自社のことをどのように紹介するのかが論点になる。基礎的な情報を含めるのはもちろん、直感的なデザインや今の時代に合ったクリエイティブトーンも効果的だ。また、あえて変化している点を盛り込むことで、企業として最新の情報を伝えようとする姿勢を強調することができる。

次ページの図に、良い施策と悪い施策を一覧表でまとめた。このようなコンテンツをつくる際、「自社の魅力を伝えたい」と盛りだくさんになってしまうことも多い。最後のチェック段階では必ず、「この情報は求職者（特に若い感性を持つ学生）が知りたいか、また刺さるのか」という観点での情報の取捨選択を行うべきである。

悪い施策	良い施策の詳細
学びが少なく 一方的な情報	• 候補者に、インターンシップ参加により自社の印象がどう変わったかを聞く • 双方的に話せる時間、座談会、質問タイムを入れる
入社後の イメージが湧きづらい	• 自分が配属される可能性のある部署の現場社員との接点回数が多く、実際の業務の一部を追体験できる • 社員に対して率直に質疑できる機会が多い
横と交流したり 雑談する機会がない	• 参加した学生同士が仲良くなれる自己紹介を入れる • 参加後の感想を共有できる時間や座談会を入れる
共感要素がなく ただの情報になっている	• 登場する社員の出身地や経歴、入社背景を示し共通点を入れる • 採用したいターゲットの量と幅に対して十分な共感要素がある
情報が曖昧で 疑問が残る	• Q&Aコーナーの回答が具体的 • 情報が正確で最新のものになっている
普遍的な内容のみ 含まれている	• 事業内容、選考情報、組織情報が含まれている • 今「変化している点」が示されている
複雑で情報量が 非常に多いデザイン	• スマートフォンでもパソコンでも見やすい • デザインが統一的でわかりやすい

ブランド形成につながりやすい良い施策と悪い施策の比較表

		良い施策
インターンシップ	学び	学びがあり 双方的に話せる
	リアル	入社後の イメージが湧きやすい
	交流	横とのつながりが 得られる
自社採用サイト	共感	共感ポイントが ちりばめられている
	安心	求職者が知りたい疑問に 答えている（＝安心）
会社説明資料	変化	基礎情報に加えて 変化している部分が 含まれている
	直感	わかりやすく 直感的なデザイン

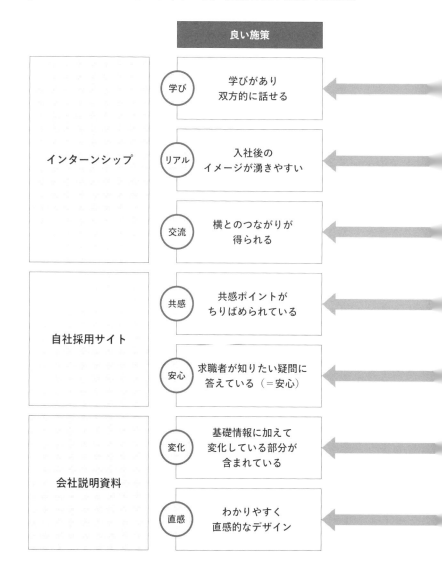

ステップ③「体験施策」を設計する

クチコミの点数は最大6倍の効果を生む

クチコミが「母集団形成」の効率を決めるようになった

採用活動には、「今の時代だからこそ、より重要になった部分」と、「時代が移り変わっても、変わらずに重要な部分」が存在している。結論からいうと、前者の時代の変化により大きく変わった部分が、「母集団形成のための採用マーケティング」である。

「母集団形成」とは、採用活動の最初に、自社を受ける候補者を集めること。ある企業が採用活動をするときに避けて通れないものだ。集めた母集団の質や量により採用活動の成果が決まるため、採用プロセスにおいて非常に重要な工程といえる。

企業ブランドや認知率の認知のされ方は、明らかに2010年代に変わった。その理由は言わずもがな、WEBの発展とスマートフォン、SNSの普及である。かつての企業ブランドと認知率は、メディアの露出量にほぼ比例していた。テレビや新聞で露出すればするほど、企業ブランド力も高く、認知率も高かった。つまり、メディアでの露出が多い企業ほど優位に立てていた。就活情報誌に広告を載せるだけで認知効率が上がり、優位に立てるシンプルな構造があった。

ところが、現在は全く違う。

いまや、「母集団形成」はクチコミの影響度が大きく上がった。あなた自身も転職や就職をする際に、その企業がどれぐらいの年収なのか？　どういう社風なのか？　働きやすいのか？　成長できるのか？　などを、ネットで調べるだろう。

そしてもし、そこに極めてネガティブな情報やハラスメントの情報が大量に溢れていたら、おそらく、入社することを躊躇するだろう。

企業からすると、クチコミデータは無視できないものになったのだ。

クチコミの点数で最大6倍、件数で最大9倍のエントリー数

実際「ONE CAREER」のデータで見てみると図のようになる。

クチコミの点数とエントリー数には、明らかな相関が見える。具体的には、クチコミ点数が5点満点中、3・0未満の場合のエントリー数を1とすると、クチコミ点数が3・0~3・5だと最大4・1倍。クチコミ点数が3・5~4・0になると、最大6・6倍ものエントリー差が生まれている。

またクチコミの「件数」もエントリー数と相関する。クチコミ件数が0の場合のエントリー数を1とすると、クチコミ件数が1~9では最大3・2倍。クチコミ件数が10~29だと最大9・2倍の差が出ている。

実際に企業経営者と話していても、クチコミデータは無視できない存在だと感じているケースは多い。クチコミは企業の評判を左右し、それが採用活動におけるエントリー数に

クチコミの点数と件数はエントリーに影響する

クチコミ点数とエントリーの関係（3.0未満を1とした場合）

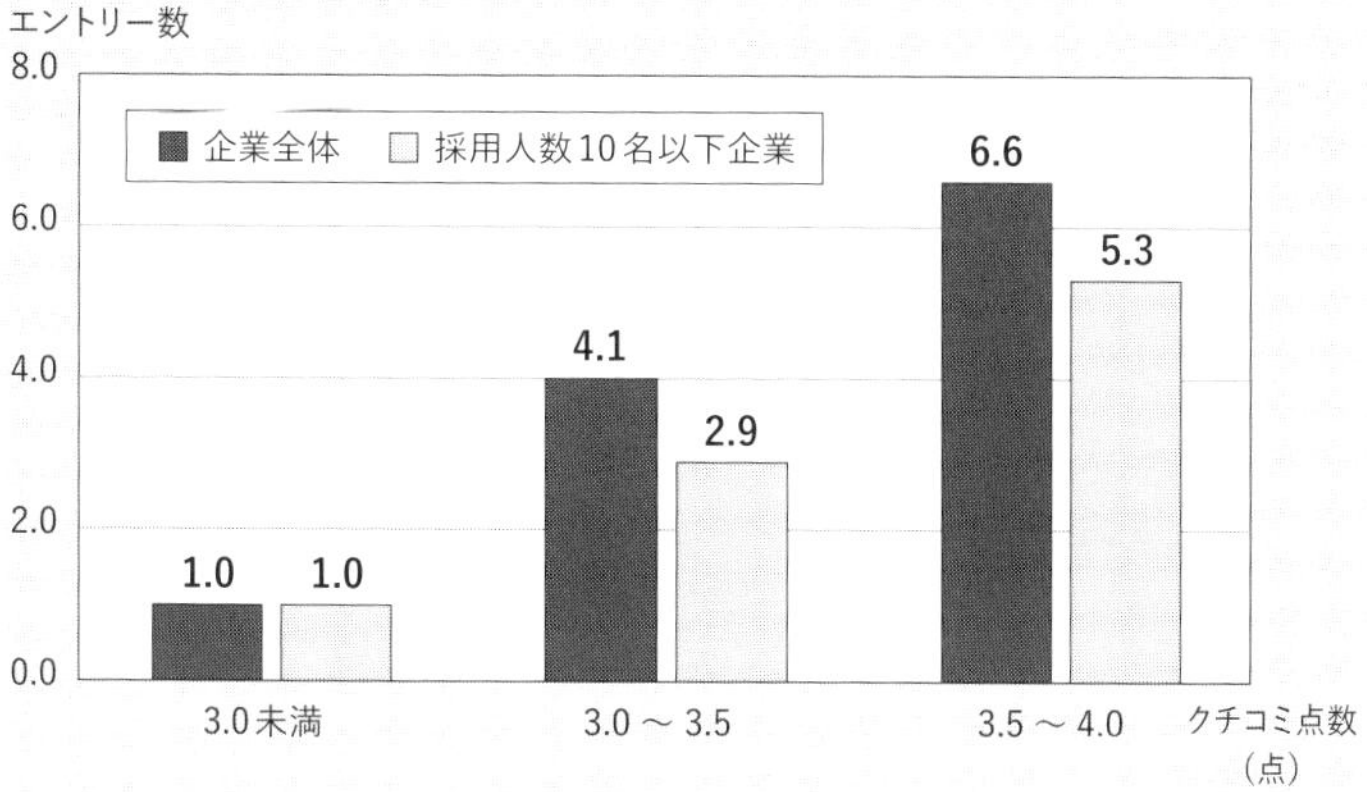

クチコミ件数とエントリーの関係（0件を1とした場合）

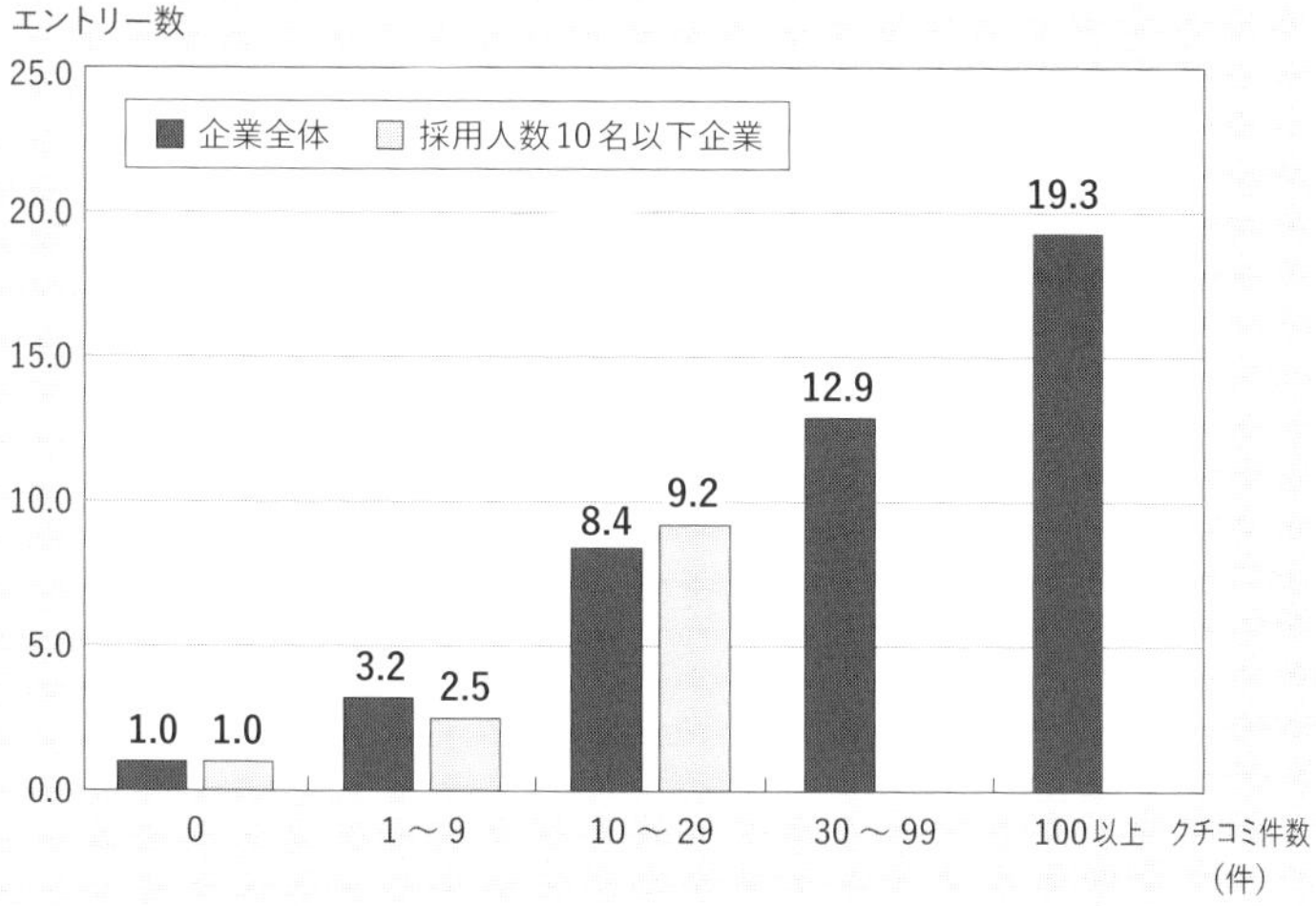

「クチコミ点数が高ければエントリー数も高い」「クチコミ件数が多ければエントリー数も多い」という相関は、採用人数が多い大企業だけに当てはまるわけではない。薄いグレーのグラフを見れば、採用規模が小さい企業（10名以下）にも同様の傾向があることがわかる。

出所：ONE CAREER

直結する。良いクチコミが多い企業は、求職者からの関心が高まり、エントリー数が増加する。一方、悪いクチコミが多い企業は、応募者数が減少し、人材確保が困難になる。

このように、クチコミは採用活動において重要な役割を果たしており、その管理と対応が企業の成長にとって必要不可欠である。企業はクチコミの内容を把握し、ポジティブなクチコミは採用活動に活かし、ネガティブなクチコミには適切に対応することが求められる。

具体的には次ページの表を参考にしてほしい。

もし自社のクチコミが悪い場合、「体験施策」そのものを改善することになる。一方で、短期的には良いクチコミとネガティブなクチコミで対応を分けることが必要になる。148〜149ページの表を参考に、良いクチコミを促進し、ネガティブなクチコミに冷静に対処する方法を知っておくようにしよう。

クチコミ対策でやるべきこと、５ステップ

５ステップ	詳細
① 前提理解	• クチコミ対策で絶対にしてはいけないことは「内容の編集」と「サクラ行為」 • クチコミ対策で企業側ができるのは、クチコミが自然発生するようなポジティブな体験を提供すること
② クチコミの現状把握	• 自社に関するクチコミ内容をサービスやサイト単位で把握する • 入社した人に参考にしたサイトや情報をヒアリングする
③ クチコミの分析	• クチコミの良い／悪いの分別を行う • 投稿時期によるクチコミ内容の傾向（変化）を分析する • クチコミに対しての、自社としての解釈やスタンス（歓迎するか、反証するか）を決める
④ 対策 ―悪いクチコミ編	• 冷静な対応を心がける • 悪いクチコミに対しての反証記事やコンテンツを計画する
⑤ 対策 ―良いクチコミ編	• 良いクチコミを採用活動に活かす

ネガティブなクチコミへの対処法

迅速な対応	ネガティブなクチコミには迅速に対応することが重要。見過ごすと、そのクチコミが企業のイメージを長期間損なう原因となり得る。問題の認識、対応策の提示、謝罪（必要な場合）を含め、具体的で誠実な対応を心がける。
透明性のある コミュニケーション	問題の根本原因や対処方法について透明性の高いコミュニケーションを取ることで、信頼の構築につながる。問題解決のプロセスや改善策について公開することで、他の見込み客や応募者に対してもポジティブなメッセージを送ることができる。
長期的な視点からの 問題解決	根本的な原因を把握し、個別対応ではなく、仕組みによって問題を解決する。その際に、会社として課題に対してどのように取り組むのかを明確にする。

良いクチコミを促進するアプローチ

ポジティブな体験の提供	社員や応募者に対して一貫してポジティブな体験を提供することが、良いクチコミを生成する基礎となる。たとえば、採用プロセスの各ステップで候補者に丁寧な対応を心がける、社内のポジティブな文化を外部にも積極的に発信するなどがある。
良いクチコミの共有	企業WEBサイトやソーシャルメディアなど、様々なプラットフォームでポジティブなクチコミを積極的に共有する。ポジティブな声が多くなればなるほど、企業の良いイメージが強化される。
間接的なインセンティブ設計	社員や応募者に対して、良いクチコミを書くことに対する直接的なインセンティブ提供は絶対にNG。一方で、社内のコンテストや表彰制度を通じて、社員が自然に企業の良い面を外部に発信する文化を育むことができる。

ステップ④「コンテンツポートフォリオ施策」を設計する

横軸のスコアを上げる「コンテンツポートフォリオ施策」

メディア施策は「ポートフォリオ管理」

企業イメージをつくる最後のステップが、「メディア施策」だ。求職者と直接会うのが「体験施策」なのに対して、「メディア施策」はその名の通り、記事や動画などを通じて企業イメージを伝える。108〜109ページの図の横軸（認知率）を上げる効果がある。

そもそも求職者はどのようにして企業イメージを持つに至り、さらに就職・転職の対象として興味を持つのだろうか。

人が特定の企業にポジティブ、ネガティブなイメージを持つまでには、「情報接触→理

求職者は「情報接触➡理解➡イメージ➡興味」の順で企業を記憶する

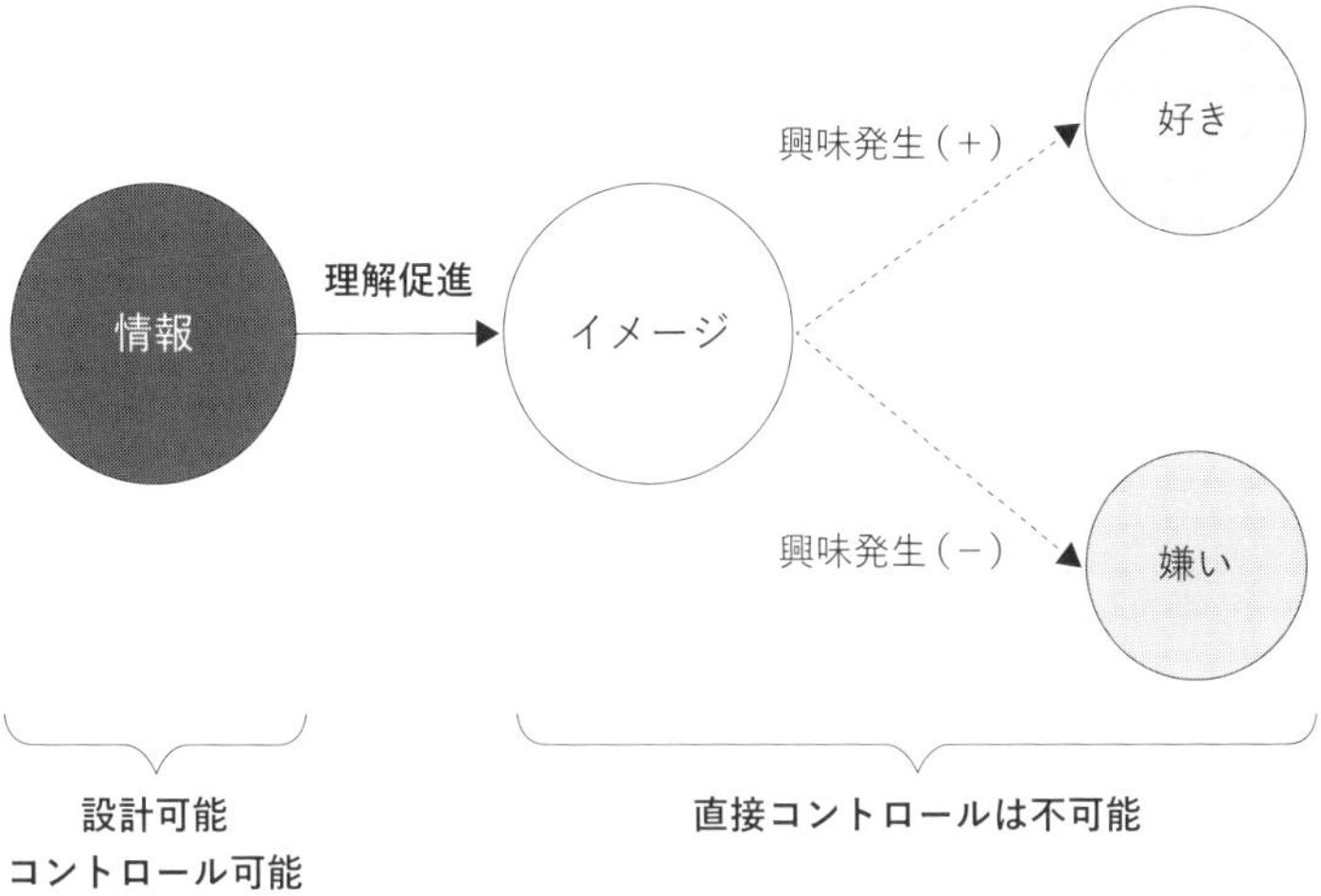

解→イメージ→興味（好き嫌い）の発生」という感情の流れが存在する。このうち、後半部分は他人の頭の中で行われるため、外部の人間が直接コントロールできない。

企業が、採用広報の文脈で介入できるのは、情報を提供し、その情報を理解してもらうように設計・コントロールすることのみである。したがって、メディア施策は体験施策以上に、設計が重要になる。

次のような流れで、具体的な内容を見ていこう。

8つのカテゴリーからなるポートフォリオを理解する
←
自社に照らし合わせて情報の「ありなし」と「鮮度」をチェックする
←
量の観点から、特に重要な「事業理解コンテンツ」「社員／社風理解コンテンツ」「職種理解コンテンツ」を中心に不足分を作成
←
公開する

採用にまつわる情報は、大きく8つのカテゴリーに分類ができる。これらのカテゴリーは裏を返すと、人が企業に就職・転職する際に参考にする情報の種類である。さらに言い換えると、入社の意思決定に影響を与えるコンテンツだ。

この8つは、同じ情報に見えても、実は最適な扱い方が少しずつ異なる。金融資産のポートフォリオ管理のように、性質が異なれば、最適な管理のやり方が変化する。具体的には、抽象的／具体的の軸と、固定的情報／変動的情報の軸がある。この2軸で、企業情報に求められるものを整理してみよう。

企業イメージづくりチェックシート

カテゴリー	概要	コンテンツタイトルイメージ	存在するか？	情報は最新か？
① 企業理解	企業の基本的な理念(ミッション、ビジョン、コアバリュー)、成長ストーリー、社内の日常やイベント、社会貢献活動などを紹介	「私たちのミッションとは？」「社内の福利厚生制度を紹介します」「成長の歴史：私たちのストーリー」「日々の業務風景」「企業の社会貢献活動」		
② 事業理解	事業内容やサービス内容、事業部の概要を紹介	「私たちの主要な事業とは？」「新製品の紹介」「事業部紹介：マーケティングチーム」		
③ 社員／社風理解	社員の背景、働く理由、転職理由、働き方などを紹介	「社員インタビュー：〇〇さんの1日」「社員の声：なぜここで働くの？」「転職者インタビュー：〇〇さんの転職理由」		
④ 職種理解	各職種の業務内容、目標、必要なスキル、提供されるトレーニングなどを紹介	「職種紹介：エンジニアの日々」「エンジニアが必要とするスキルとは？」「トレーニングプログラム紹介」		
⑤ キャリアパス・人事制度理解	キャリアパス、昇進制度、給与制度、異動・転職の事例を紹介	「キャリアパス紹介：エンジニアからマネジャーへ」「昇進制度の解説」「異動・転職の事例紹介：〇〇さんのキャリア」		
⑥ 経営理解	経営陣のメンバー紹介とその思考法を紹介	「CEOインタビュー：私たちのビジョン」「経営陣メンバー紹介：〇〇さんの仕事観」		
⑦ 業界理解	その業界のビジネスモデル、構造、競合や、自社の立ち位置を紹介	「業界解説：私たちのビジネスモデル」「業界構造と競合の解析」「私たちの立ち位置：市場での役割と特徴」		
⑧ 選考プロセス理解	採用過程、面接、選考基準などについての一般的な疑問、各カテゴリーに関する具体的な疑問を紹介する	「採用過程のQ&A」「面接についてのよくある質問」「選考基準について語ります」		

・抽象的かつ、固定的な情報（左上）は、コンテンツの「質」が重要になる。
・抽象的かつ、変動的な情報（右上）は、コンテンツの「鮮度」が重要になる。
・具体的かつ、固定的な情報（左下）は、コンテンツの「網羅性」が重要になる
・具体的かつ、変動的な情報（右下）は、コンテンツの「量」が重要になる。

たとえば、社員や社風に関する情報は、右下に分類されるが、これは必要な量が多い。年代、属性、経歴、職種、出身地。求職者からすると、実際に自分が働く可能性が高い社員の情報が一番知りたいし、自分と共通点が多い社員の情報が意思決定要因になりやすい。また、社員情報は更新されることが多いため、最新の情報をアップデートする観点でも量が必要になる。

戦略上で確認すべきは、まず、自社サイトや外部サイト上に、このポートフォリオの中で足りない情報がないか、強化・更新すべき情報がないかを把握することである。

企業情報も、ポートフォリオ管理が重要

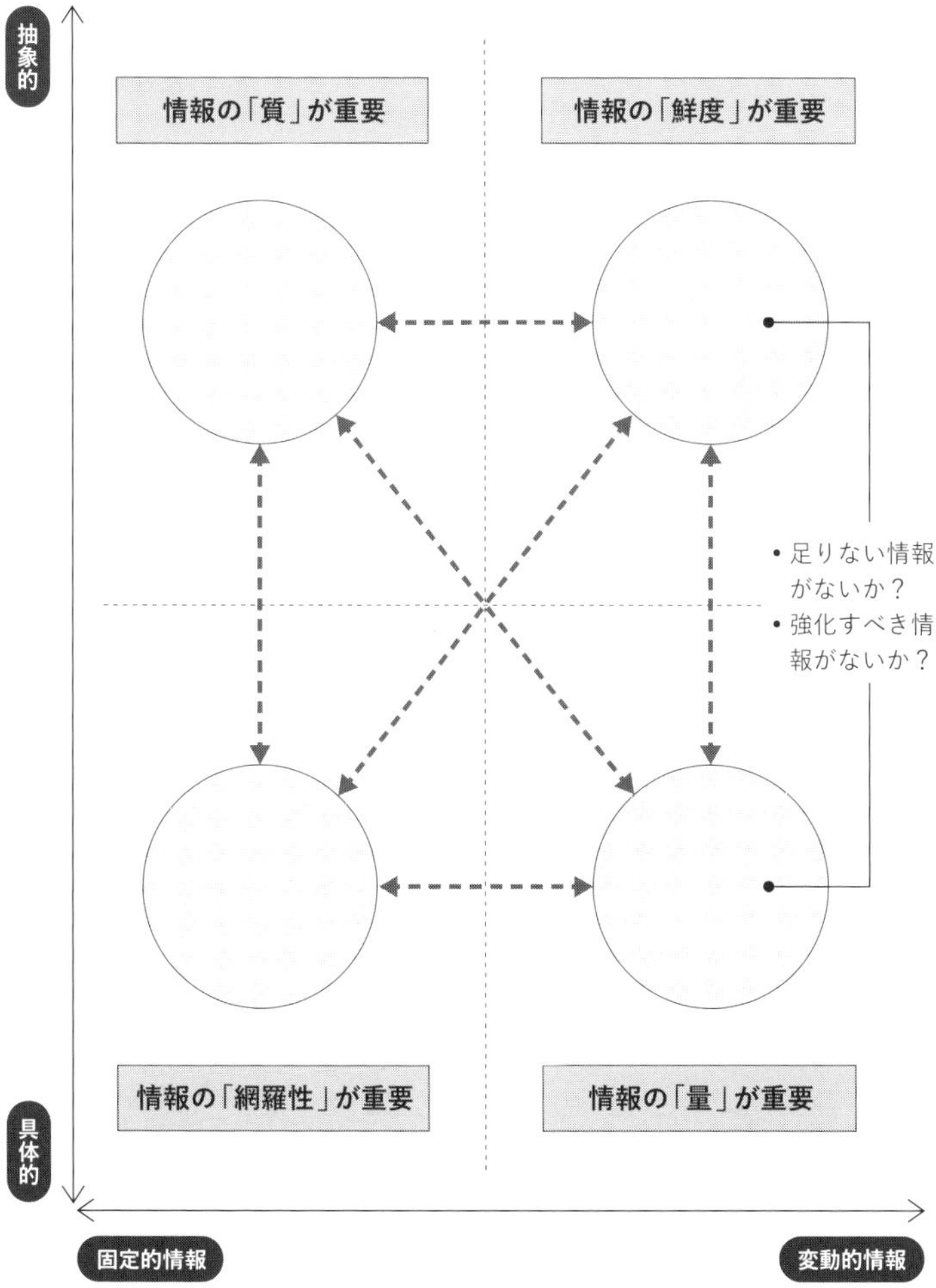

ステップ④「コンテンツポートフォリオ施策」を設計する

どんなコンテンツをどんなフォーマットで出すか

事業理解コンテンツ：他社と違う自社の強みを見せる

この8つのカテゴリーからなるコンテンツすべてを満遍なく制作し管理するのは、創業間もないスタートアップや予算が少ない中小・中堅企業にとっては現実的に難しい。

そのため、優先順位をつけて充実させていく方がいい。具体的には「数年単位では変わりにくいもの」で「候補者の意思決定材料になりやすいもの」からつくることをおすすめしている。

具体的には次の3つだ。

・事業理解コンテンツ
・社員・社風理解コンテンツ
・職種理解コンテンツ

この際、最も重要なのが、事業理解＝「何をやっているのか。何で儲けているのか。何が他社と違う自社の強みなのか」である。この事業理解のコンテンツはキモ中のキモであるし、「事業理解をやっていませんでした」という会社はほとんどない。ほとんどの会社では「やっているつもりだが十分ではない」ことが多いのだ。

たとえば、食品の卸をやっている企業があったとして、「食品の卸をやっています。こういうやりがいがあります」だけでは実は事業理解としては明らかに不十分である。美しい写真を使ってそれなりの費用をかけてサイトをつくっても、意味がない。なぜなら、候補者の意思決定に影響を与える情報ではないからだ。

必要なのは、候補者の意思決定に影響を与えることである。具体的には、次の3つの要素を含める必要がある。

・自社にはどんなステークホルダーがいて、何を仕入れて、どこに付加価値を乗せて利益を出しているのか？（＝利益の源泉）
・自社は他の企業と比べてどんな違いがあるのか？（＝差別化要因）
・今後、この業界はどんな未来が待っているのか？（＝未来図）

これらは求職者が意思決定の際に参考にする内容である。キモは求職者が入社もしくはエントリーするか否かを決める際に必要な情報であること、である。

事業理解は8つのカテゴリーの中でも極めて長期的に、採用にポジティブな影響を与え続けることができるコンテンツである。そのため、事業理解のコンテンツは、自社のサイトはもちろん、外部のサイト、SNSやオウンドメディアまで、すべてのメディアで設置しておく必要がある。

社員・社風理解コンテンツ：どんな人がどんなふうに働いているかを見せる

次に優先度が高いのが「社員・社風理解コンテンツ」への投資である。社員理解・社風理解とは、「どんな人がどんなふうに働いているか」を表現した内容である。このコンテンツは、普遍的なニーズがある。特に、実力があり選択肢を多く持っている人にとっては、「何をやるか」以上に「誰とやるか」は極めて重要なファクターになり得る。また、専門性やキャリア観が完全に確立していない若年層・第二新卒層を採用ターゲットにした場合でも、シニアでハイレイヤーな層をターゲットにした場合でも価値が高い。

では、この社員・社風理解コンテンツで、重要なことは何か？ それは、「関係性」と「真実性」である。

「関係性」とは、社員と社員の関わり方やコミュニケーションの方法のことである。よくあるのが、特定の社員一人にインタビュー取材した記事だ。このような記事が、悪いとは言わない。人がその企業に興味を持つ理由には「人の魅力」が間違いなくあるからだ。ただ、もっと重要なのは「関係性を見せること」だ。

たとえば、上司と部下、同期と同期、こういった人たちにはどのような共通点があって、普段どのように仕事を進めているのか。こうした内容を、コンテンツに盛り込むのである。一人のキャラクターではなく、複数人の関係性を見せることが重要になる。

「真実性」とは、文字通り嘘がないことである。

社員・社風コンテンツは「関係性」を見せる

ステークホルダーにもとづいた「関係性」の４パターン

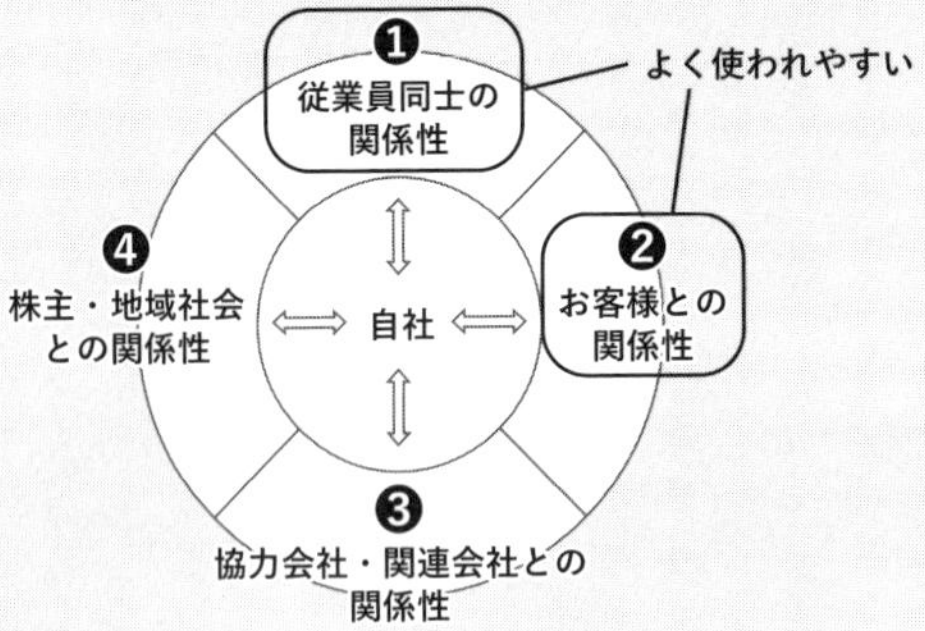

❶ 従業員同士の関係性（例）
- 上司と部下の関係性
- 同期同士の関係性
- 退職者と現職者の関係性　etc

❷ お客様との関係性（例）
- 自社とクライアントとの関係性
- サービス開発者とヘビーユーザーとの関係性　etc

❸ 協力会社・関連会社との関係性（例）
- 共同プロジェクトでの関係性　etc

❹ 株主・地域社会との関係性（例）
- エンジェル投資家と起業家との関係性　etc

対談形式は関係性を見せやすい

◎ 対談

△ １人のインタビュー

実は、この「社員・社風理解コンテンツ」は、昔から存在した。ただ、多くの場合、「嘘」で固められていた。

激務だといわれる企業の1日のタイムスケジュールが超絶ホワイトなように書かれている。こういうケースはあなたも想像がつくだろう。大事なのは、賢い求職者は「それが嘘かを確かめる術を持っていること」である。具体的には、ネットやSNSでのクチコミ情報サイトを見る。嘘はバレる、ということだ。

職種理解コンテンツ：職種や事業部単位で仕事内容を細かく見せる

近年、重要性が上がってきたのは「職種理解コンテンツ」である。これは、具体的にどんな職種があって、どんな研修があって、どんな業務をするのかを、職種や事業部単位で細かく見せるコンテンツのことを指す。

なぜ重要性が上がってきたか。それは、若い人がこのコンテンツを求めているからだ。現代の若い人たちは、どちらかというと合理的な基準で物事を決める。タイパ、タムパという言葉があるが、成果が不明瞭なものに自分の貴重な時間を投下しない傾向が強くある。昔のように、20代・30代は下積みで、給与も上がらないが、50代以降になって出世したらとてもおいしい思いができるよ、というプランは魅力的に映らない。

そのため、彼ら、彼女らは「どこに所属するか」に加えて「どんな仕事をするのか」「どんなスキルが身につくのか」に今は強く関心を持っている。人をたくさん束ねられる抽象的なスキル（リーダーシップなど）よりも、わかりやすく、マーケティング・エンジニアリング・セールス・ファイナンスといった専門性が規定しやすいもののニーズが、近年急速に高くなっている。また、配属リスクを嫌う傾向も強い。職種理解は、これに応えるために必須なコンテンツである。

そもそも、前述した社員理解や社風理解コンテンツは、実は差別化が難しい要素でもある。というのも、どこの業界、どの企業の中でも、働きやすいチームもあれば、働きづらいチームもある。たまたま上司がハラスメント気質かもしれないし、たまたま上司が尊敬できる上司かもしれない。運の要素が強い。

一方で、職種理解コンテンツは、事前に正しい情報を出すことができる。トヨタ自動車のセールスパーソンはおそらく明日も車を売っているだろうし、1年後も車を売っているだろう。これが求職者にとっての魅力ポイントになる。多くの人は「確からしさ」を求め

訴求したいカテゴリーに相性が良いフォーマットを選ぶ

カテゴリー	特徴	テキスト（記事）	動画・イベント	グラフィックを含む企画（インフォグラフィックスなど）
① 企業理解	企業のベース情報のためどの形式でも訴求が必要	◎	◎	◎
② 事業理解	事業理解やビジネスモデルの説明は、視覚に訴えると効果的	△	○	◎
③ 社員／社風理解	社風は社員同士の対話や話し方で訴求するのが最も良い	○	◎	△
④ 職種理解	職種理解は要件の明示が必要なためテキストや具体化が必須	◎	◎	○
⑤ キャリアパス理解	キャリアパスは時系列を説明する表や画像と相性が良い	○	△	◎
⑥ 経営理解	経営者の発信は基本的に多ければ多いほど良い。一方で正確性も求められる	◎	◎	△
⑦ 業界理解	業界理解は抽象的で複雑なため、わかりやすさが必要	○	○	◎
⑧ 選考プロセスQA	QA関連は必要な項目を網羅的に説明できるテキストか、動画が最適	◎	○	△

ているからだ。
時代が変化するのは不可逆だ。求職者側の変化を嘆いたとしても、意味がない。重要なのは「変化にどう対応し、どう生き残るのか」である。

ちなみに、ここまで見てきた「コンテンツ」（＝内容）だけでなく「どんなフォーマットで出すか」（＝動画、記事など）についても重要度が高まっている。以前は「記事」が大半だったが、近年では「動画」や「インフォグラフィックス」の選択肢を選ぶ企業も増えてきた。

求職者の立場からすると、慣れ親しんだYouTubeで見られる動画は親和性が高い。また、スマートフォンでも複雑な情報を理解しやすいインフォグラフィックスにも一定のニーズがある。実際には8つのカテゴリーと相性が良いフォーマットが存在している。当社がかかわった事例では、博報堂社員4名が座談会形式でYouTubeに出演した動画がある。同コンテンツは、「社員・社風理解」と「動画形式」の組み合わせにより「広告代理店の仕事内容」がわかりやすく伝えられている好例だ。必ずしもこの組み合わせでなければならないわけではないが、効果をさらにあげるために参考にしてほしい。

職種理解×動画の例

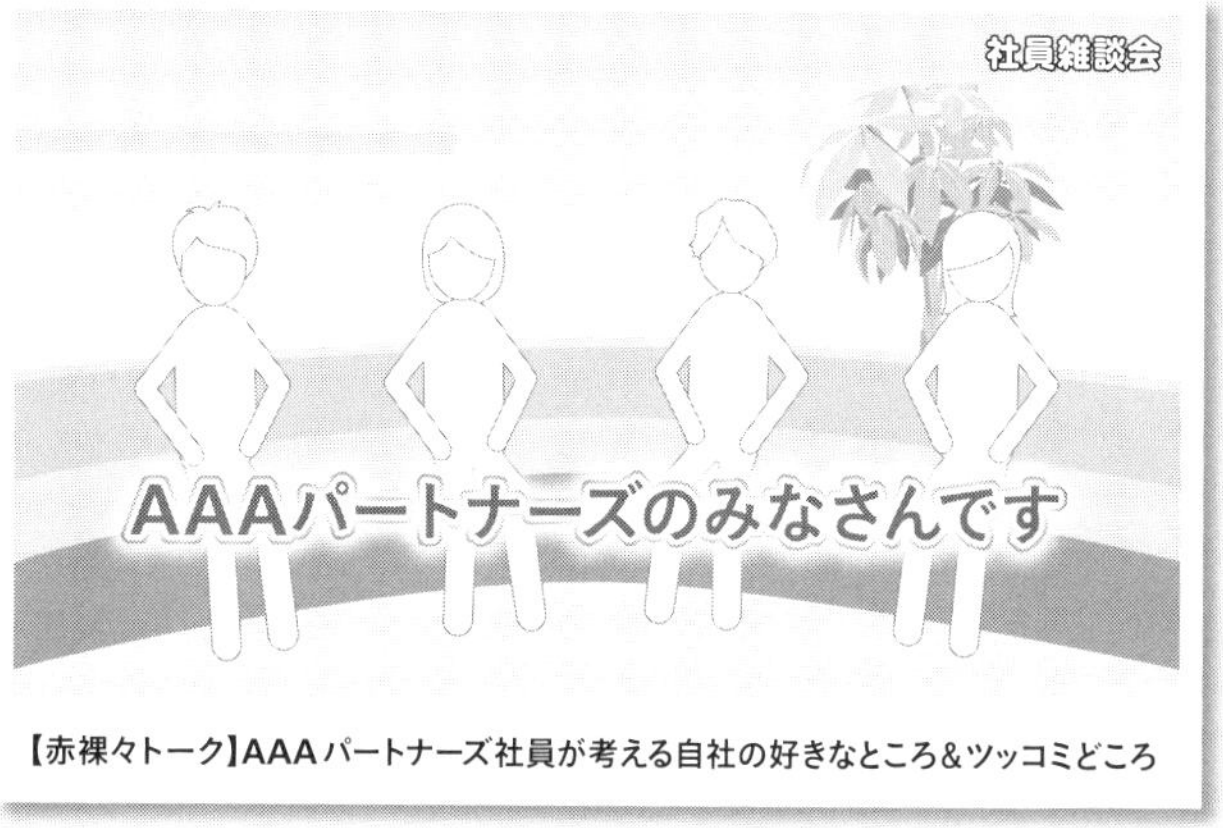
社員雑談会
AAAパートナーズのみなさんです
【赤裸々トーク】AAAパートナーズ社員が考える自社の好きなところ&ツッコミどころ

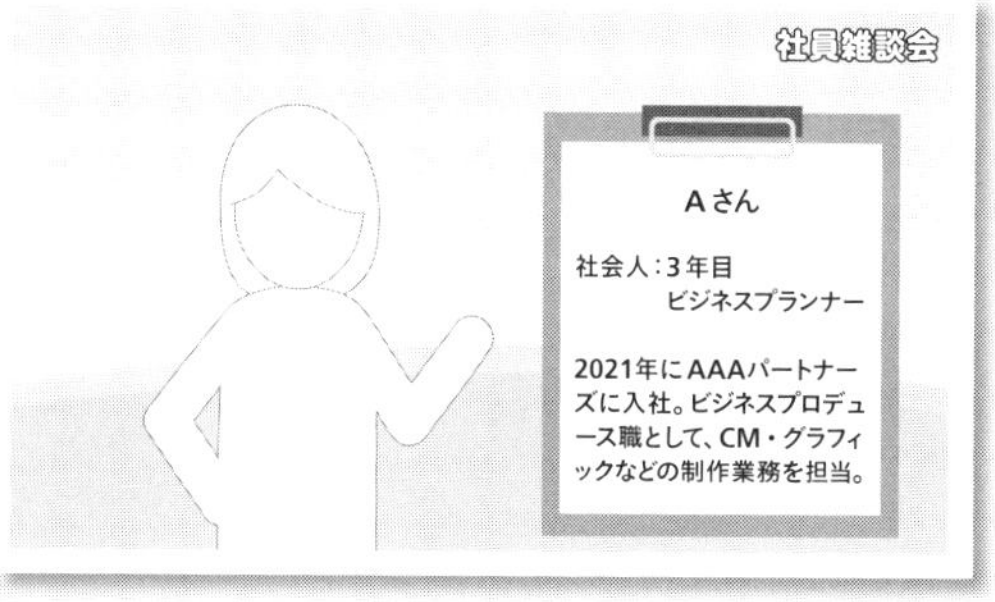
社員雑談会
Aさん
社会人：3年目
ビジネスプランナー
2021年にAAAパートナーズに入社。ビジネスプロデュース職として、CM・グラフィックなどの制作業務を担当。

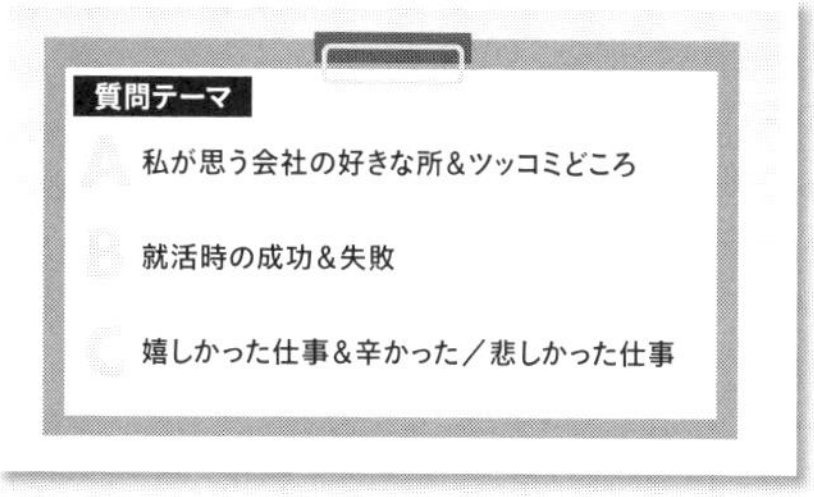
質問テーマ
A 私が思う会社の好きな所&ツッコミどころ
B 就活時の成功&失敗
C 嬉しかった仕事&辛かった／悲しかった仕事

対談で「関係性」を見せた成功例：グッドパッチ、ワンキャリア

私が直接支援した企業に、グッドパッチ社がある。同社は、史上初めてデザイン企業として上場を果たした、業界の開拓者的存在である。デザイン企業といっても、同社が手掛けるのはコンサルティング×デザイン領域であり、単なるグラフィックデザインではなく、事業課題やサービス全体のUXに直結する案件が多い。一方で、求職者目線でいうと、デザイン企業とだけ聞くと、業務内容が限定的で、専門学校や美大生のみが採用ターゲットだと誤解されやすい課題もあった。

そこで、実際のクライアントである、トヨタコネクティッド社とグッドパッチ社の対談形式をあえて取り、事業内容・職種内容の具体化を図った。同記事は公開後すぐに1万PVを達成。他施策の効果もあり、同社は翌年2022年公開の東大京大ランキングでも、200位近く順位を上げた。自社×クライアントという関係性を見せた事例である。

もう一例、我々ワンキャリアの事例をご紹介したい。153ページの8つのカテゴリー管理は、社内でも実際に使っている。社内外から反響のあった記事のひとつに、双子の子

どもを持つ社員同士の対談記事がある。具体的なタイトルは、

【働くママパパの本音対談】双子を育てながらでも、スタートアップで働けますか?

というテーマである。これは異なる部署・異なる職種で働く社員2名が、実際に双子を育てながらスタートアップで働くことのリアルを対談形式で公開している。スタートアップで働きたいが、子育てと両立できるのか、という求職者のニーズに応える企画になっている。この例では「双子を持つ親」という共通点を見せることで、「関係性」と「真実性」を担保した記事になっている。

同記事は、期間内で公開した記事の中で最もPVが集まり、話題になった。

企業イメージづくりは新卒採用から始まる

マッキンゼーや三井物産のイメージは、新卒時から

私が経営者や採用責任者の方に企業イメージについて話す際に言っていることがある。それが「企業イメージを、中途採用施策『だけ』で変えるのはほぼ不可能に近い」ということだ。正確に言うと、企業イメージは新卒採用時点のイメージを超えることはほとんどない。

たとえば、マッキンゼー・アンド・カンパニーや、ボストン コンサルティング グループ、三菱商事、三井物産、こういった企業は中途採用でも強いブランドを持つが、その理由は、新卒の就活のときに「超難関＝優秀な人が行く会社」というイメージを多くの人が

新卒採用時点のイメージを、中途採用時のイメージが超えるのは至難の業

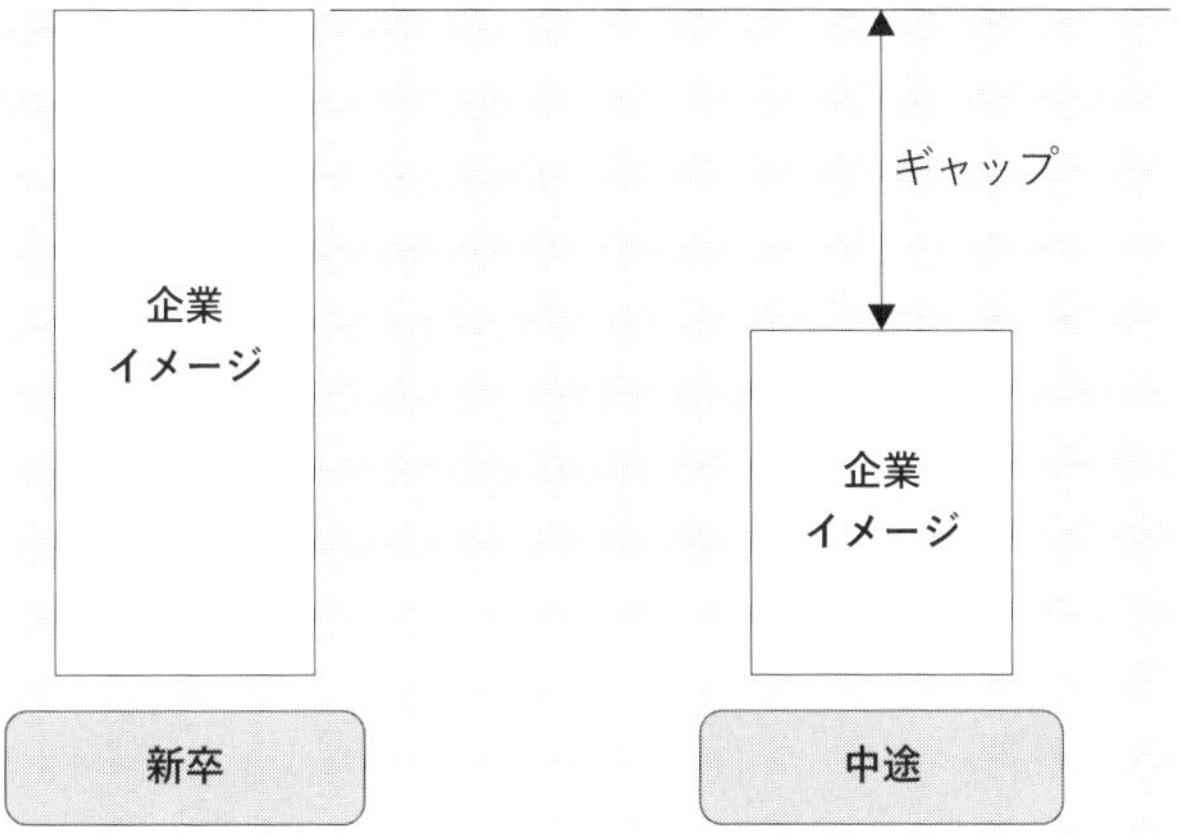

持っているからである。

もちろん、社会人になってみると、企業を多面的に捉えられるようになっていき、新卒のときのいい会社＝必ずしも本当に自分に合った会社ではない、と気づいていく。一方で、全体の傾向としては、新卒採用時のブランドイメージが、中途採用時のブランドイメージを超えることはない。

あなたも自分の世代で優秀な人が集まる会社といえばどこかと聞かれたら一定のイメージがあるだろう。人がある企業に対してのブランドイメージを持つ際に、社会人の入口で持つイメージが、その後の仕事人生でも強く影響を与え続けるのだ。

企業イメージを変える

企業イメージを変える＝競合を変えること

ここまで「企業イメージがない」場合について、対策を述べてきた。

一方、既に一定の企業イメージが確立されている状態から、異なるイメージへ転換する際には何が必要だろうか。

企業イメージの変革とは、結果的に戦うべき採用競合を変えることを意味する。「どこからシェアを奪うのか」を考えるのだ。そして、新たな採用競合が決まったら、「誰に、何をどうやって伝えるのか」を決めていく。

たとえば、国内の小売企業が事業ポートフォリオの多角化によって、「国内主軸の小売業界の一社」ではなく「急成長中のグローバル展開をしかける企業」だと思われたいとしよう。この場合、企業が戦うべき採用競合も当然、変化する。「小売業界志望者」だけをターゲットにして、採用広報やイベントをしかけても当然効果は薄く、海外展開をしかけるメーカーや商社企業を採用競合に設定して採用施策をしかける必要がある。

ここで漏れがちな視点がまさに「どこからシェアを奪うのか」という採用競合観点である。ストレートに言うならば、どの企業を新たに採用競合に設定し、そこに受かっていたはずの内定者が、どうしたら自社に来てくれるかを考えるのだ。

実際に当社が日本を代表する消費財メーカーを支援した例を紹介したい。同社は歴史も非常に古く、何十年も続くテレビCMの効果もあり、企業自体の知名度は極めて高かった。伝統的なメーカーだが、DX・デジタル領域は弱い印象を持たれ、採用競合は同業種の国内メーカー志望者が大半だった。

一方で、事業自体はグローバル化・デジタル化が急速に進む中で、本来取りたい層を再定義した結果、メガベンチャーや外資系コンサルティングファームを採用競合に設定した。ターゲットを絞って、リアル店舗×デジタルの可能性や、デジタル人材の活躍、課題解決の視点を伝えた。結果、データ上でも採用競合の内訳が1年で大きく変化した。

「ギャップ萌え」を生み出せ

企業イメージの変革を実現するには、期待値をいい意味で超え、塗り替える必要がある。要するに「ギャップ萌え」をいかに生み出すか、である。

具体的に必要なステップは以下になる。

・誤解の把握

求職者の誤解（誰にどのぐらいの割合で、どう思われているのか）を正確に把握する。

具体的な把握方法としては、内定者ヒアリングや、選考辞退者へのヒアリング結果、外部機関を用いた調査、クチコミデータの活用がある。誤解を正確に理解しておくことで、求職者からの期待値（＝何をどう期待されているのか）が予測できる。

・アンサーをつくる

誤解を把握した後は、アンサー（回答）を示す必要がある。ブランドイメージの変革は、企業の変革の歴史に紐づいているケースが多い。そこで、誤解に対して、実際のファクトやデータを用いてどう答えるのかを考えるのだ。

したがって、表面的な変化を語るのではなく、企業イメージを変革すべき理由や背景を丁寧に紐解き、わかりやすく伝える必要がある。また、採用活動には、社内の人間も面接官やリクルーター、メンターとして関わることが多いため、変化の方向性は社内でも共有しておく必要がある。

コンサルティングファーム「ギャップ萌え」の成功例

実際に、私が直接支援したコンサルティングファームの例を紹介したい。

同社は、全世界で事業を展開する世界有数のコンサルティングファームの一社である。一方で、日本での事業展開が競合他社よりも遅かったこともあり、社内体制の構築は競合他社に比べてやや遅れている状況があった。この組織の問題が、外部の企業クチコミサイトで書かれ、「働きやすさ」や「若手の成長環境」などの点数が競合より劣後した状態だった。

一方で、現状を正確に分析すると、直近数年では急速に状況が改善しており、クチコミサイトの点数も過去と直近では大きな差が生まれていた。つまり、過去のイメージと現状との間に「誤解」があったのだ。

そこで我々は、あえて過去のクチコミ評価を踏まえた上で、直近入社者のクチコミとのギャップを見せることにした。また、当時の担当役員から直接、具体的にどう改善しているのか、何に取り組んでいるのかを語ってもらった。同施策は大きな話題になり、同社は4年連続でワンキャリアが主催する「クチコミアワード」を受賞した。まさに「ギャップ萌え」に成功したのである。

Column

企業イメージが「ない会社」6つの欠陥

もし、あなたの会社の企業イメージが「ない」場合、突き詰めると、必ず根本的な原因にたどりつく。システム上のどこかに欠陥が隠れているはずだ。私が結論づけたものとして、欠陥は6種類に分類できる。

①人事ポリシーの不在・形骸化：どんな人を採用したいかが定まっていない

スタートアップでも大企業でもよくあるのが、人事ポリシーの不在・形骸化だ。企業イメージは「人事ポリシー」から形づくられるが、この人事ポリシーがそもそもない場合や、あったとしても、それが形骸化し、制度や発信に反映されていないケースがある。求職者視点からすると、一貫したコンセプトがない＝イメージが醸成できない状態になっているのだ。この状態では、どれだけメディア露出したとしても、広告宣伝費を払ったとしても、浪費になりやすい。

人事ポリシーは、担当者単体では変えられないことも多い。そのため、改善にはトップや事業部長クラスのコミットメントが必要になる。

②競合視点不足：採用競合と比べて給与が安い

2つ目は、ハード面（制度）での競合視点不足のケース。人事ポリシーが一貫していたとしても、競合に対してハード面で負けている場合、企業イメージを構築できないケースが多い。最もわかりやすいのは「報酬制度」や「福利厚生」である。特に、報酬制度で負けている場合、相当強い他の魅力がない限り、採用競合に対して優位に立つのは難しい。

2000年代頃までは、日本の企業の報酬制度はクローズドで、他社から見ることができなかった。それが、今ではネット上で調べれば実態はすぐに把握できてしまう。隠すことが難しい時代になった。

比較する際は、「同業他社」「採用競合」の2点で自社の立ち位置を整理する必要がある。2020年代からIT企業を中心に初任給を上げる動きが加速しているが、こういった企業は、「同業他社」だけではなく、「採用競合」をベンチマークにして設定していることが多い。メルカリは一時期、市場平均に対して20〜25％高い年収を払うことを前提としていたという。

市場平均に対して自社がどのようなスタンスを取るかは、企業イメージに直結する。

③採用カルチャー不足：社内の人が協力的ではない

3つ目は、ソフト面での採用カルチャー不足。全社に対しての採用活動へのコミットメント不足、採用技術不足だ。リクルートやビジョナル、サイバーエージェントなど、採用に強い会社は社員全体からの「採用へのコミットメント」が強い。自分たちが一緒に働く人は、自分たちで採用する。「採用にコミットし、成果を出した人＝優秀な人、憧れの対象」というカルチャーが存在している。

とある超急成長中のコンサルティングファームの経営者は、採用を自社のカルチャーにするために、入社した新入社員からのメッセージを上手に設計していた。具体的には、新卒入社者が入社式のタイミングで、「なぜこの会社を選んだのか」を全社員向けに発表する仕組みをつくったという。入社した人が「社員のAさんとの出会いがなければ、この会社を選んでいなかった」と発表する。この発表は全社員が目にするため、当然、名前を言われた社員たちは光栄に思う。こうして、「採用にコミットする人＝憧れの社員」であることを全員に伝え、文化として醸成している。

なお、採用カルチャーをつくり出すのは長期戦である。単年度で改善できる部分は少ない。複数年単位でつくり込む必要がある。

④採用ターゲットのエラー：「誰に来てほしいか」が不明確

4つ目は、採用ターゲットが不明瞭、または間違っているケースだ。メディア資産をつくっていく際に、どんな求職者に見てほしいか、接点を持ちたいかの設定が重要になる。エリアは、関東なのか、関西なのか、その他の地域なのか。ターゲットはどんなコミュニティに存在していて、価値観はどんな人なのか。普段触れているメディアにはどんなものがあるのか。こうした採用ターゲットの設定が不明瞭なケースがある。

さらに、実はありがちなのが、「事業特性を踏まえて、採用ターゲットが設定できていない場合」だ。新しいことにチャレンジ精神を持って進めてくれる人が多く必要なのか、今ある仕事を安定してミスなく進めてくれる人が必要なのかは、事業特性により規定される。複数事業を展開する際は、この2つの組み合わせになることもある。にもかかわらず、「結局、誰が欲しいか」が不明瞭なまま採用が行われ、結果的に自社の企業イメージが見えてこないという場合もある。

⑤メディアバランス不足：場当たり的にSNSだけをやっている

外部発信の際の「ストック型メディア」と「露出広報」のバランスが崩れている、または両者の量が不足しているケースがある。ストック型メディアとは、外部のクチコミメ

採用ブランドの６つの罠

① 人事ポリシーの不在・形骸化	② 競合視点不足
③ 採用カルチャー不足	④ 採用ターゲットのエラー
⑤ メディアバランス不足	⑥ 従業員満足度不足、インナーコミュニケーション不足

ディアやSNS、自社オウンドメディアを指し、露出広報は、経済メディアへのコンテンツ露出、広告宣伝、PR露出を指す。メディア資産をつくる場合は、2つとも必須になる。

　理由は、露出広報を見た人が↓検索してストック型メディアを訪れる流れがあるからだ。大まかにいうと、露出広報＝認知、ストック型メディア＝理解と整理してもいいだろう。メディアバランスが崩れていると、実態がわからない状態か、認知が足りない状態になりやすい。

⑥従業員満足度不足、インナーコミュニケーション不足：自社の人から不満が出る

最後6つ目が、インナーコミュニケーションや、従業員満足度不足による罠である。そもそも、採用を強化する上で重要なのは、既存社員からのリファラルや評判である。満足度が低い社員しかいない会社は、どれだけ外部で美辞麗句を述べたとしても効果は激減する。

特に、採用ターゲットを変える、企業イメージを変える際には、これまでの社員に対してのメッセージと不一致が起きやすい。

第5章

「採用現場」の問題解決

目先の仕事に追われている

採用力を改善するサイクル「採用大解剖図」

なぜ「採用大解剖図」をつくるのか

ここまで、企業イメージをつくり、変革するための方法をお伝えしてきた。ここからはより日常業務に近い自社の採用課題を洗い出し、改善していく「採用改善」の段階に入る。

そもそも採用改善とは、自社の採用活動全般を見直して効率化を行ったり、より大きな成果を達成したりするためのプロセスのこと。重要なのは全体像の設計である。

なぜ、この全体像の設計が重要かというと、採用は全社を巻き込むプロジェクトであり、企業が効率的かつ効果的に採用活動を進めるための基盤となるからである。全体像を設計する具体的な効果は以下の通りである。

●リソースの最適配分を可能にするため

採用活動には多くのリソースが投入される。全体像を設計することで、限られたリソースを最も効果的に配分し、無駄を省くことができる。

●進捗管理と成果の評価を容易にするため

全体像が明確であれば、各段階の進捗を管理しやすくなり、また、成果を定量的に評価することが可能となる。これにより、改善点を迅速に特定し、適切な対応を取ることができる。

●部門間の連携を強化するため

採用活動は人事部門だけでなく、各部門との連携が重要である。全体像を共有することで、部門間の協力を促進し、統一された目標に向かって一致団結して取り組むことができる。

採用改善の5ステップ

186～187ページの図は、採用改善の全体像を示している。私はこれを「採用大解剖図」と呼んでいる。

この図は、左から塊ごとに分かれている。具体的には、次の5つだ。

①採用活動のKPI
②打ち手
③計画化（スケジュールと予算）
④考えるべき6つのトピックス
⑤改善時の順番

〈「新卒採用に課題がある」場合の5ステップの進め方〉

たとえば「新卒採用」に課題がある会社だとしたら、下記のように考えていく。

①採用活動のＫＰＩ

◎具体例：新卒採用におけるＫＰＩとして、以下の指標を設定する。

・採用人数
・応募者数
・採用プロセスの各ステージでの通過率
・入社後定着率
・採用コスト（１人あたり）
・採用ターゲットの含有率

◎考え方：これらの指標を定量的に測定し、目標値を設定することで、採用活動の進捗と成果を把握する。

②打ち手

◎具体例：新卒採用における具体的な打ち手を検討する。

・求人サイトや業界特化型の求人媒体への広告掲載
・リファラル採用制度の強化

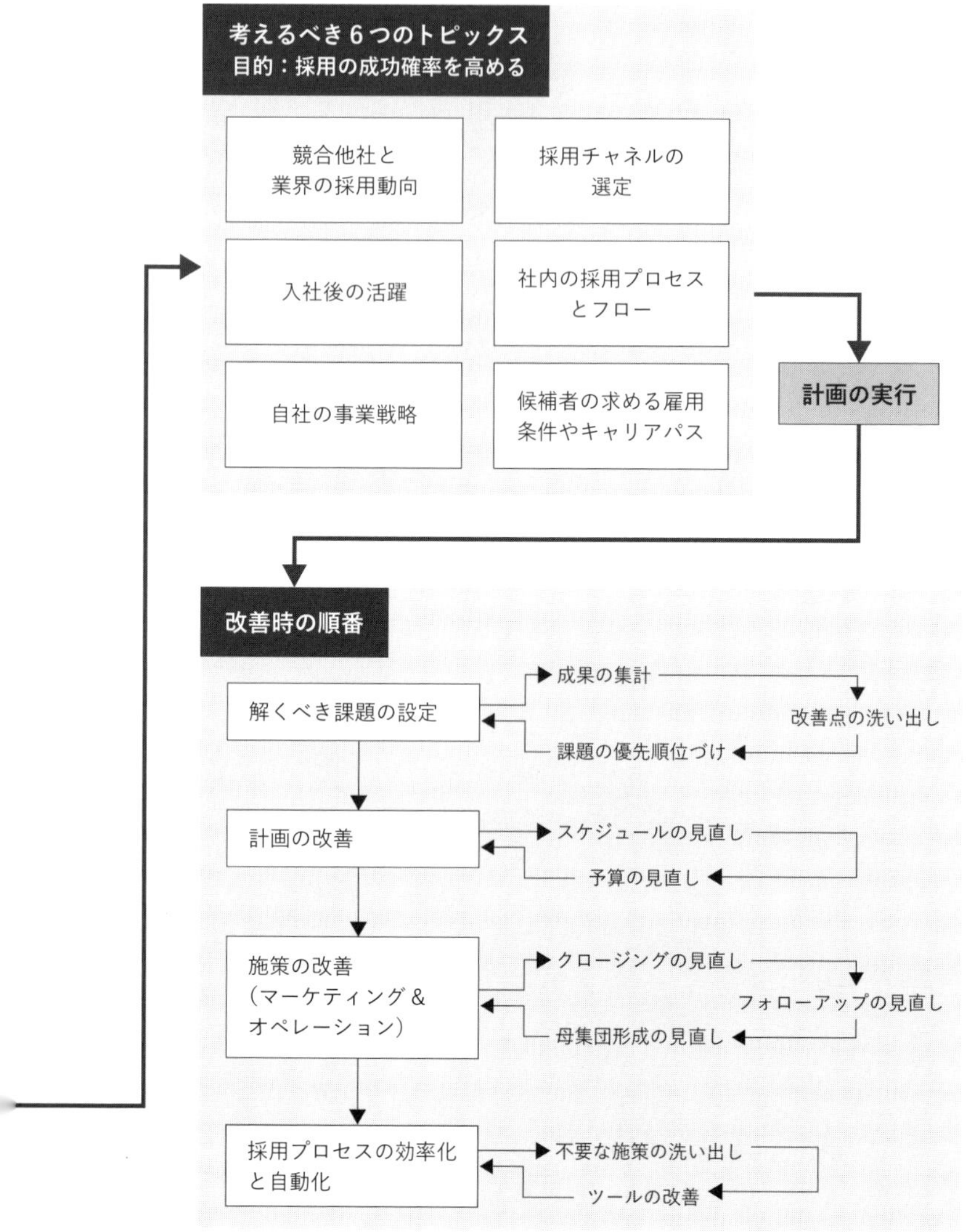
考えるべき6つのトピックス
目的：採用の成功確率を高める
競合他社と
業界の採用動向
採用チャネルの
選定
入社後の活躍
社内の採用プロセス
とフロー
自社の事業戦略
候補者の求める雇用
条件やキャリアパス
計画の実行
改善時の順番
解くべき課題の設定
成果の集計
改善点の洗い出し
課題の優先順位づけ
計画の改善
スケジュールの見直し
予算の見直し
施策の改善
（マーケティング＆
オペレーション）
クロージングの見直し
フォローアップの見直し
母集団形成の見直し
採用プロセスの効率化
と自動化
不要な施策の洗い出し
ツールの改善

採用大解剖図

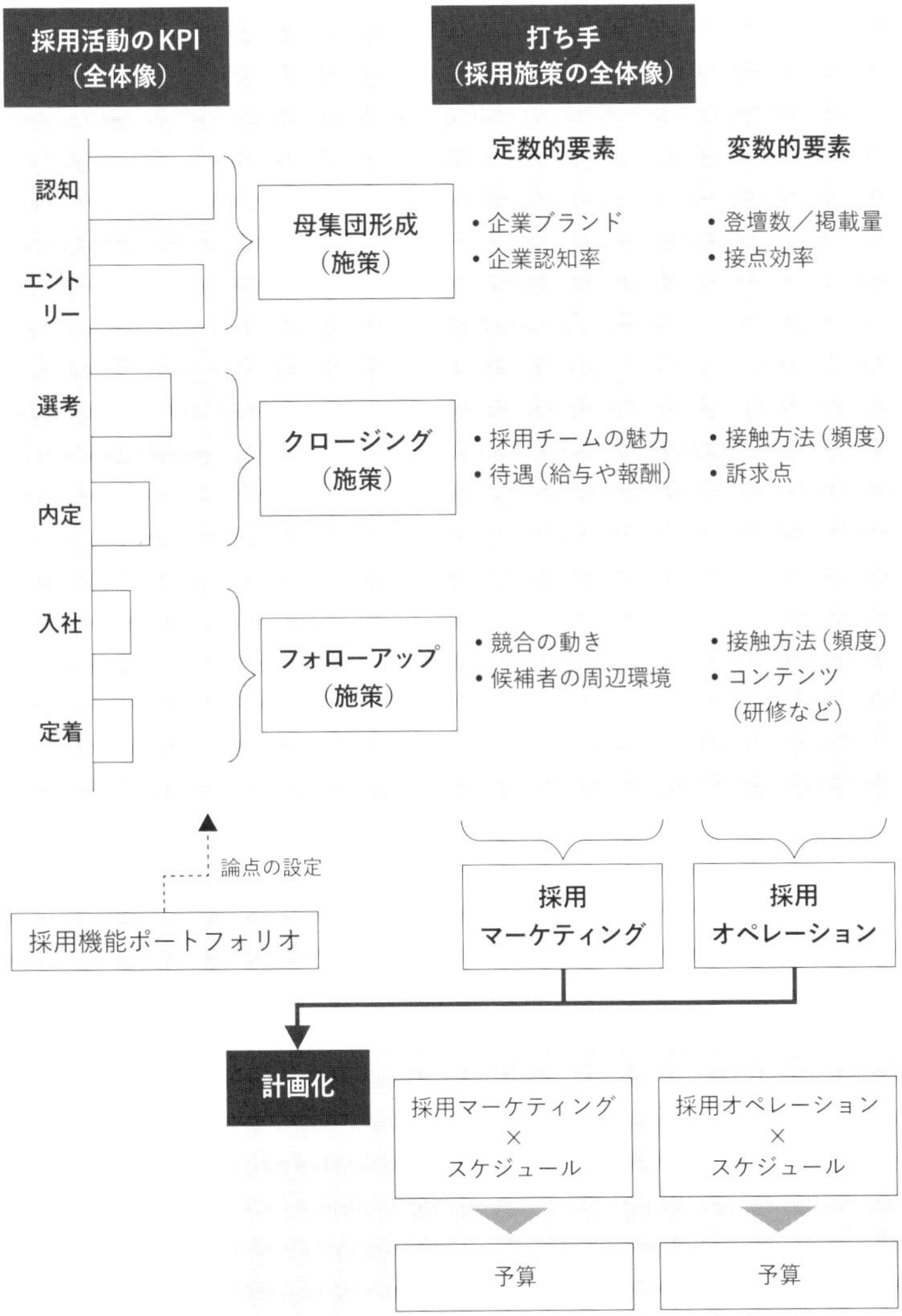
採用活動のKPI
（全体像）
打ち手
（採用施策の全体像）
定数的要素
変数的要素
認知
エントリー
母集団形成
（施策）
• 企業ブランド
• 企業認知率
• 登壇数／掲載量
• 接点効率
選考
内定
クロージング
（施策）
• 採用チームの魅力
• 待遇（給与や報酬）
• 接触方法（頻度）
• 訴求点
入社
定着
フォローアップ
（施策）
• 競合の動き
• 候補者の周辺環境
• 接触方法（頻度）
• コンテンツ
（研修など）
論点の設定
採用機能ポートフォリオ
採用
マーケティング
採用
オペレーション
計画化
採用マーケティング
×
スケジュール
採用オペレーション
×
スケジュール
予算
予算

・スカウトサービスや紹介、さらにはソーシャルメディアを活用したダイレクトリクルーティング
・リクルーティングエージェンシーの活用
・ブランドコンテンツへの投資
◎考え方：効果的な採用手法を多角的に実施することで、優れた候補者を確保する可能性を高める。各打ち手の効果を検証し、改善を続けることが重要になる。

③計画化（スケジュール）

◎具体例：採用プロセス全体のスケジュールを設定する。
・採用計画の策定：1ヶ月
・公募開始から応募締切まで：2ヶ月
・面接・選考期間：3ヶ月
・内定通知から入社まで：10ヶ月
◎考え方：スケジュール管理は、タイムリーな採用活動を行うために重要。各フェーズ

の期限を明確にし、遅延を防ぐための調整を行う。

③計画化（予算）

◎具体例（予算）：全体スケジュールにもとづき新卒採用に必要な予算を算出する。

・広告・求人掲載費用
・リクルーティングエージェンシーの手数料
・面接関連の経費（交通費、宿泊費）
・入社後の研修費用

◎考え方：予算設定により、採用活動に必要なリソースを適切に配分し、コスト管理を徹底する。

④考えるべき6つのトピックス

◎具体例：採用活動を成功させるために考慮すべきカテゴリーを洗い出す。

・競合他社や業界の採用動向
・採用チャネルの選定

・入社後の活躍
・社内の採用プロセスとフロー
・自社の事業戦略
・候補者の求める雇用条件やキャリアパス
◎考え方：これらのカテゴリーを包括的に検討することで、採用活動の質を向上させ、採用の成功確率を高めることができる。

⑤改善時の順番

◎具体例：採用活動の改善を行う際の優先順位を設定する。
・初期ステップ（例：課題の設定と計画の改善）
・中間ステップ（例：施策の改善）
・最終ステップ（例：採用プロセスの効率化と自動化）
◎考え方：改善は段階的に行い、最も影響の大きい部分から着手することが重要になる。小さな成功を積み重ねることで、全体の採用活動の質を高めることができる。

採用改善は「クロージング→フォローアップ→母集団形成」の順で手をつける

クロージングのミスは取り返しがつかない

採用改善をしていく際のオペレーション上の流れは、大きく次の3段階となる。

母集団形成＝集める：いい人材を集めるための施策を行う
↓
クロージング＝決める：自社に合う人材を絞り込み、確実に来てもらうための施策を行う
（※本書では「選考」もここに含む）

採用改善は「クロージング」から手をつける

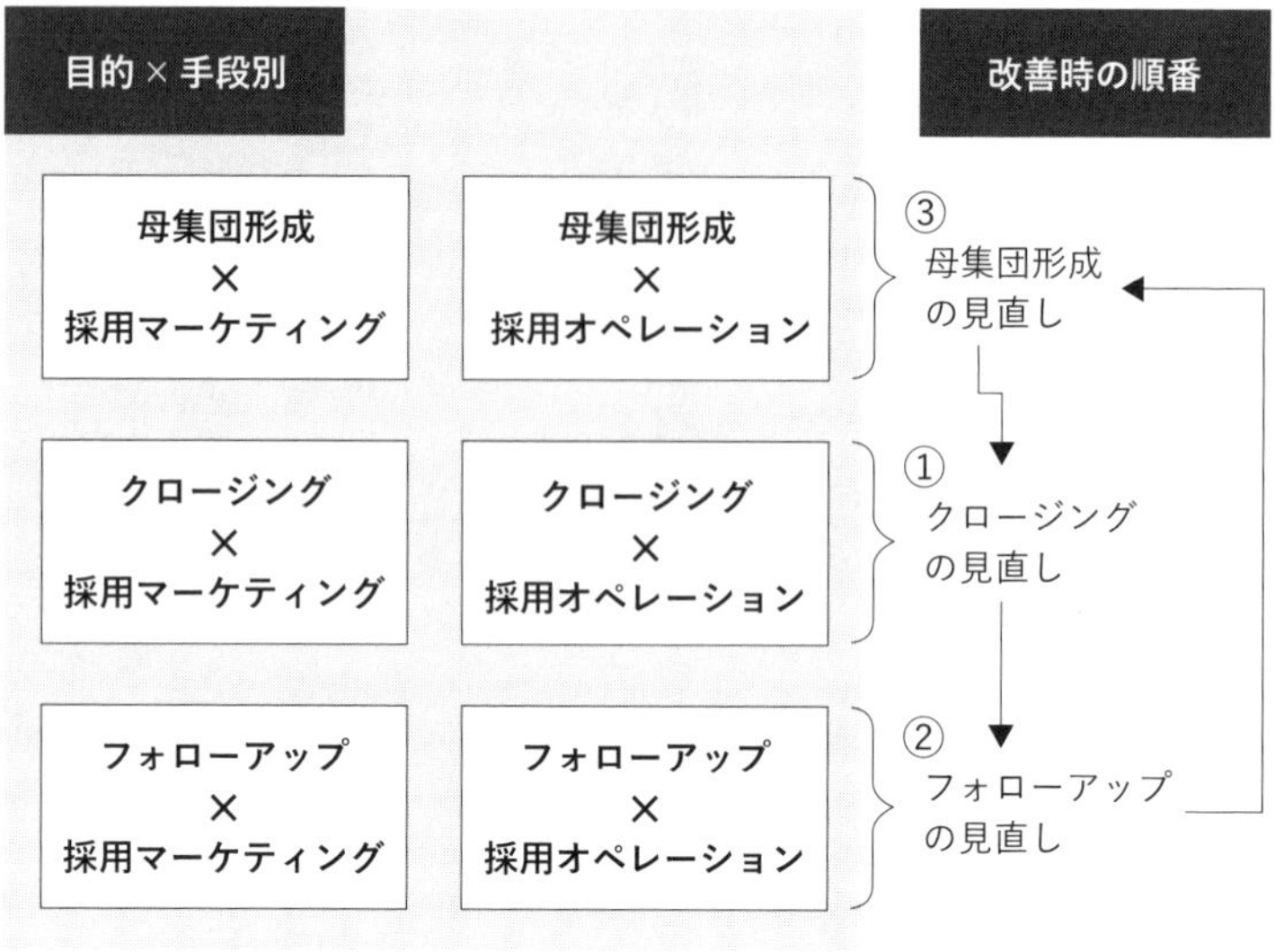

← フォローアップ＝辞退を防ぐ：内定承諾後の辞退を防ぎ、入社後の活躍を目指した施策を行う

最も大事なのが、これらの改善を行う「優先順位づけ」、つまり何を先にやるかだ。

結論から言うと、「クロージング→フォローアップ→母集団形成」の順番で改善をしていくのがいい。その理由は「成果につながりやすいから」。そして、「取り返すことが難しいから」だ。

当然だが、採用活動の目的は「候補者

に入社してもらい、活躍してもらうこと」だ。だから、何よりもまず「クロージング」＝内定承諾をもらうことが大事になる。母集団形成やフォローアップは後からの取り返しが可能だが、クロージング時点でのミスを取り返すことは、非常に難しい。「この人が欲しい」と思い入れを持って内定を出した人が他社を選んでしまったら、成果は何も残らないからだ。

もちろん、同時進行で改善を進められればベストだが、優先順位をあえてつけるならこの順番が望ましいだろう。

基準の見直し→優先順位の見直し→手順の見直し

では、さらにもう1段階踏み込んで、具体的に「どんな手順」で改善していくべきだろうか？

具体的には、まず次のような「基準の見直し」を行う。

- 内定率、承諾率、歩留まりの適正な数値はいくつなのか？
- どこが課題なのか？

・競合するベンチマーク企業と比較して何が足りないのか？
基準が決まったら、次は施策を洗い出し「優先順位の見直し」を行う。たとえば、内定率に課題があるなら、どのような施策を行うべきなのか。例を挙げよう。

〈内定率に課題がある場合〉

●面接プロセスの見直し
面接官のトレーニングを実施し、評価基準の統一を図る。面接の回数や形式（個別面接、グループ面接、オンライン面接など）を見直し、候補者にとってより魅力的なプロセスにする。フィードバックを迅速かつ具体的に行い、候補者の不安を軽減する。

●採用フローの効率化
採用プロセス全体のスピードを上げるために、書類選考から内定までのステップを再評価し、無駄な工程を削減する。採用管理システムを導入し、候補者のデータ管理やコミュニケーションを効率化する。

・候補者エクスペリエンスの向上

第4章で紹介した通り「候補者エクスペリエンス」とは、「カスタマーエクスペリエンス」の採用版。つまり、候補者が選考の過程でどのような経験をするかだ。具体的には会社説明会やイベントの質を向上させ、企業の魅力をより効果的に伝える。オンボーディングプログラムを強化し、内定後から入社までのフォローアップを徹底する。

・オファー内容の見直し

報酬パッケージや福利厚生の見直しを行い、競合他社と比較して魅力的なオファーを提供する。フレキシブルな勤務時間やリモートワークのオプションを検討し、候補者の多様なニーズに応える。

・データに基づく分析と改善

過去の採用データを分析し、内定率が低下する具体的なポイントを特定する。

定期的なアンケートやインタビューを通じて、候補者のフィードバックを収集し、改善点を洗い出す。

採用改善の手順

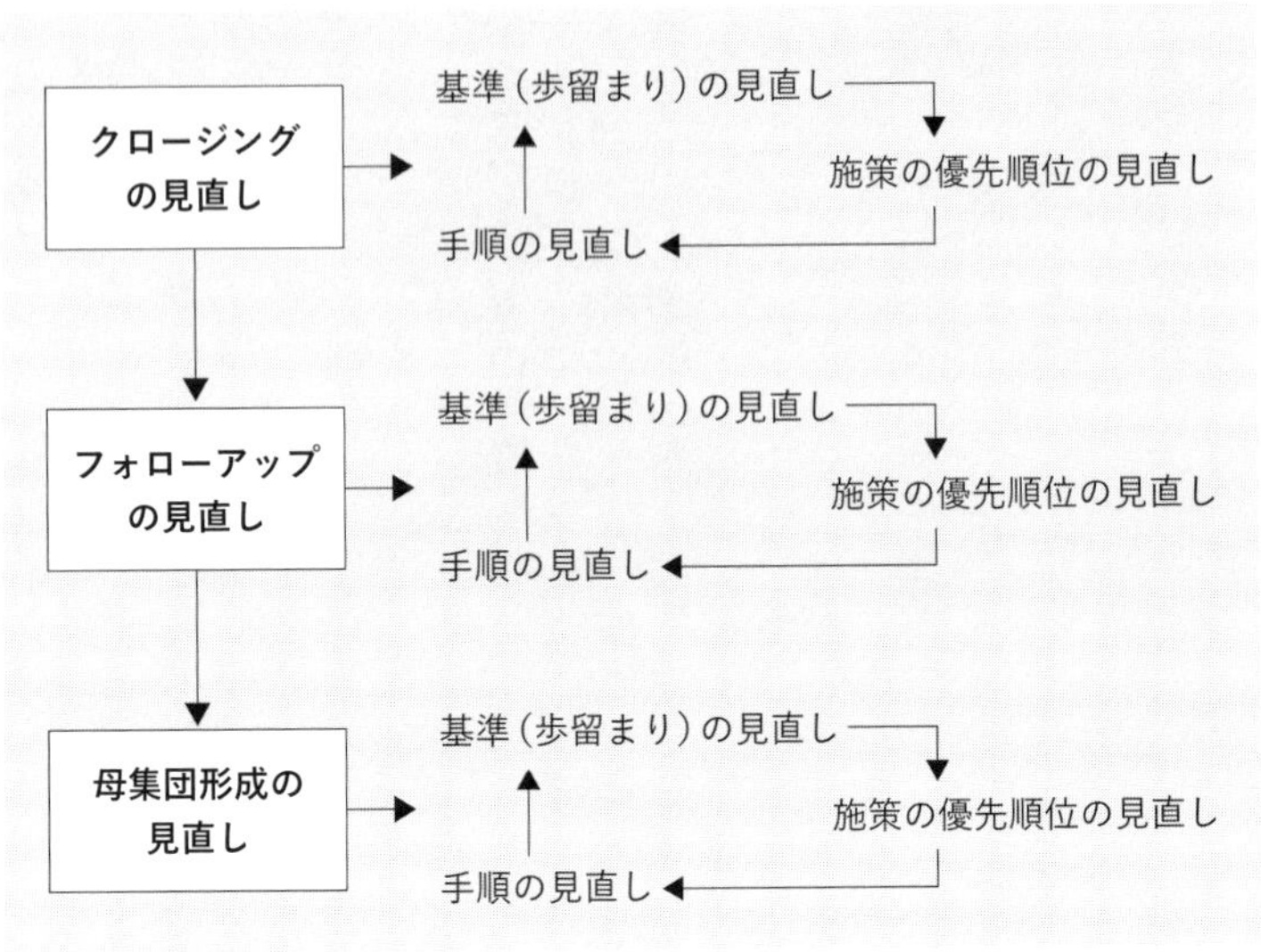

これら施策を「課題の重要性」と「実行のしやすさ」の2軸で優先順位づけを行う。課題の重要性が高く、実行しやすいものが最優先となり、重要性が低く実行に時間がかかるものは、優先度が低くなる。

最後に行うのが、「手順の見直し」である。優先度が高い施策を実施するためのフローを設定する。どういう手順で、誰が何を担当するのか？　確認しつつ、見直す。この「基準の見直し」→「手順の見直し」→「優先順位の見直し」のサイクルを、フォローアップと母集団形成でも行う。

なぜ「新卒採用暇なし」の状況は起きるのか

「やった気になるけど成果につながらない業務」を減らせ

母集団形成にしても、クロージングにしても、フォローアップにしても、「やろうと思えばできること」は無限に存在している。

たとえば、イベント登壇や、自社のオウンドメディアでの発信、候補者とのランチやディナーなどの接点創出。採用担当者が時間を使おうと思えば上限がない。結果、成果につながっているかどうかはわからないが、やった気になる業務が、採用活動では大量に発

やった気になるけど成果につながらない業務一覧

	業務の種類	具体例	対策
1	**効果の低い求人広告の掲載**	長期間にわたって効果のない求人媒体に広告を掲載し続けている	定期的に求人広告の効果を分析し、応募数や質が低い媒体への広告掲載を見直す
2	**過剰な書類選考プロセス**	書類選考の段階で、全応募者の細部にわたる評価を行い、時間を浪費している	基本的な条件を満たしている応募者に絞り込み、一次面接で詳細を確認するプロセスに変更する
3	**無駄なイベント参加**	毎年参加しているが、採用につながる候補者がほとんどいない就職フェアや合同説明会	過去のデータをもとに、参加イベントの効果を評価し、成果が見られないイベントは参加を見直す
4	**過度なリファレンスチェック**	全候補者に対して詳細なリファレンスチェックを実施し、多大な時間を費やしている	最終選考に残った候補者に対してのみリファレンスチェックを行い、必要に応じて実施範囲を調整する
5	**長時間の面接**	一人の候補者に対して複数回にわたる長時間の面接を実施している	面接回数や時間を見直し、要点を絞った効率的な面接プロセスを導入する
6	**過剰なメールのやりとり**	内部の連絡や確認作業に多くの時間を費やしている	コミュニケーションツールの活用や定型文のテンプレート化を進め、メール対応の効率化を図る

生してしまう。特に新卒採用は期間が長期にわたる。これが、「新卒採用暇なし」の最大の課題である。

「重要度は低いが緊急性の高い業務ばかりに対処するので手一杯」の状況が続くことで、「重要度は高いが、緊急性が低い業務」は後回しにしがちになるのが、採用現場の常である。こうした「やった気になるけど成果につながらない業務」を減らすことは、限られたリソースを効果的に活用し、実際に成果を出すために重要である。

抜本的な解決のために「採用業務全体の設計」をする

ただし、今ある無駄な業務の削減以上に、根本的に必要なのは採用業務全体の設計である。設計自体にミスがある場合、小手先だけを工夫しても抜本的な解決にはならない。新たに採用活動を始めようとしている企業はもちろん、既に採用活動をしていて今後強化したい企業も自社と比較しながら参考にしてほしい。以下に、その具体的な方法を示したい。

①業務を整理、分類する

まず、採用改善業務を「採用マーケティング」と「採用オペレーション」に分ける。採用マーケティングは、長期的な効果を目指した戦略的活動を指し、採用オペレーションは短期的な成果を出すための実務的活動を指す。

採用マーケティング：企業ブランディング、長期的な採用戦略の構築、認知度向上など。
採用オペレーション：面接のスケジューリング、候補者フォローアップ、内定通知など。

②採用オペレーションに集中する

短期的に成果を出すためには、まず採用オペレーションに集中することが必要である。具体例は次に挙げる。反対に、たとえば、企業ブランドや企業の認知度向上は長期的視点で取り組む必要がある。

・母集団形成
具体例：イベント登壇数や求人媒体への広告掲載量を増やし、1回あたりの接点効率にフォーカスする。企業ブランドの認知度向上は短期間で成果を出しにくいため、長期的視点で取り組む。

・クロージング

具体例：内定承諾率を高めるために、候補者とのコミュニケーションを改善する。具体的には、オファーレターの内容を具体的にし、内定前後で社員座談会やメンターとの接点を充実させる。

・フォローアップ

具体例：内定通知後のフォローアップを強化する。定期的な連絡や入社前の研修を提供し、候補者との接触頻度を高める。結果、内定から入社までの間に候補者の不安を取り除き、入社率を向上させる。

③KPIを設定し、成果を見える化する

各業務に対して具体的なKPIを設定し、その達成状況を定期的に評価する。以下に例を示す。

母集団形成：イベント登壇数、応募者数、求人媒体の閲覧数など。
クロージング：内定通知数、内定承諾率、オファーレターの返送率など。
フォローアップ：フォローアップの実施回数、候補者からのフィードバック、入社率など。

④効率化ツールを導入する

採用業務を効率化するためのツールを導入する。具体的には以下の通りである。

ATS（Applicant Tracking System）：候補者情報の管理、面接スケジュールの調整、自動通知機能などを活用し、作業の効率化を図る。

コミュニケーションツール：SlackやMicrosoft Teamsなどのツールを活用し、社内外のコミュニケーションを円滑に行う。


「やった気になるけど成果につながらない業務」を減らすことは、採用担当者の時間とリソースを有効に活用し、実際の成果を上げるために不可欠である。業務の整理と分類、オペレーションへの集中、ＫＰＩの設定と評価、無駄な業務の削減、効率化ツールの導入を通じて、採用活動の質を高め、優れた人材を効果的に採用することが可能になる。

短期の成果はクロージングで、長期の成果は採用マーケティングで決まる

すぐに成果を出すために、超短期では「クロージング」に集中せよ

さらに短期的に採用効率を高めるのであれば、成果に直結するクロージング施策の改善がキモになる。人事担当者が一人で変えられることはコミュニケーション面での改善がメインになるが、内定承諾の意思決定に影響を与える要素は複数ある。いいクロージングと悪いクロージングを表（206～207ページ）にまとめたので参考にしてほしい。

一方で、長期的なクロージング力は、「採用担当者を含めた（個人やチームの）魅力」と

「待遇（給与や報酬）」がキーになる。この2つは、基幹人事制度面での改革や、後述する採用マーケティングでコントロールすべき部分である。

長期的には「採用マーケティング」に投資せよ

ここまで読んで、次のような意見が出るかもしれない。

「じゃあ、現場の人事としては、マーケティング部分は諦めろってことですか？」と。

採用戦略の最終的なゴールは「儲かって、企業イメージが強い会社」になることだ。企業イメージは、完全にマーケティングの領域である。実際、「人気企業ランキングに入るような企業」「待遇が良い企業」は極めて採用に強い。

そのうえで、人事担当者が可能な採用マーケティングとは「どんな情報をどう知ってもらうか？」を年間単位で計画することだ。現場担当者の視点では、以下（208ページ）のような計画になる。

	良いクロージング	悪いクロージング
	詳細かつ具体的。キャリアパスや成長機会、福利厚生が明確に記載されている。	不明瞭で曖昧。給与や福利厚生が具体的に記載されていない。
	内定者向けのメンタープログラムや定期的なフォローメールを通じて、入社意欲を維持する。	内定後のフォローがほとんどなく、候補者が不安を感じやすい。
	候補者の希望や状況に応じて柔軟に条件を調整し、双方にとって納得のいく条件を提示する。	条件の調整が硬直的で、候補者の希望に十分に対応できていない。
	積極的な姿勢を示し、候補者に対して入社意欲を高めるメッセージを伝える。	消極的な姿勢を示し、候補者に対して入社意欲を減少させる印象を与える。
	フレンドリーかつプロフェッショナル。候補者の質問に丁寧に答え、企業の魅力を強調する。	無関心で冷淡。質問に対して曖昧な回答をし、企業の魅力を伝えきれていない。
	定期的かつ迅速。オファー後も継続的に候補者と連絡を取り、フォローアップを行う。	連絡が遅く、不定期。オファー後のフォローアップがほとんどない。
	適切なタイミングでオファーを出し、候補者が十分に考える時間を与える。	遅すぎるタイミングでオファーを出し、候補者が他社のオファーを受け入れてしまうリスクが高い。
	候補者の不安や疑問に対して迅速かつ丁寧に対応し、安心感を提供する。	候補者の不安や疑問に対して適切に対応せず、不信感を抱かせる。
	候補者の背景や希望に合わせたパーソナライズされたコミュニケーションを提供する。	一律的なオファーを提供し、候補者の個別のニーズに対応できていない。
	候補者に対して社内見学や社員との交流イベントを提供し、企業文化を体験させる。	企業文化の紹介が不足し、候補者が企業に対する理解を深める機会が少ない。

良いクロージングと悪いクロージング

ジャンル	項目
制度面	オファーレターの内容
	内定者フォロープログラム
	オファー条件の柔軟性
コミュニケーション	最終面接の印象
	面接官の対応
	フォローアップコミュニケーション
	オファータイミング
	候補者の不安解消
	パーソナライズ
コンテンツ	企業文化の紹介

・母集団形成

「就職人気ランキング」「転職したい企業ランキング」や「企業クチコミ」への上位ランクインを計画する。エリアごと、業種ごとなどランキングは様々である。ニッチでもいいのでランクインできる場所を見つける。

・クロージング

「採用チーム全体の魅力」「リクルーターを含めた採用担当力全体」が増すよう計画する。たとえば、ダイバーシティがある採用チームをつくるのか、男性や女性だけの採用チームにするのか。どんな経歴の人を採用チームに置くのか。これによって企業のクロージング力は変化する。

採用マーケティングに関してのより詳細な方法論は第6章で紹介する。

採用マーケティングとオペレーションの投資配分

マーケティング派？ オペレーション派？

採用活動は財務の観点からすると投資活動である。売上よりも費用が先行するからだ。この投資活動を成功させるために、採用マーケティングとオペレーション、この2つは両方とも重要だからこそ、どう資金を分配するかが重要になる。

「採用マーケティングが大事か？ オペレーションが大事か？」この究極の問いに対しては、企業担当者の間でも、考え方が分かれているだろう。

採用マーケティング派は、「採用を効率よく」「戦略的に」勝ちたいと思っているタイプ。一方のオペレーション派は、「取りこぼしがないように」「実践的に」勝ちたいと思っているタイプが多い（読者のみなさんは、あえて言うならどちらに近いだろうか）。

では、この2つに対する投資配分はどのようにして意思決定すべきか？

そもそも採用マーケティングはいつから投資をすべきなのか？

結論から言うと採用予定人数の規模が分岐点になる。大規模な採用になればなるほど、採用マーケティングの予算割合を増やす必然性が生まれる。一方で、小規模な採用であれば、採用マーケティングの重要度は低く、オペレーションの改善だけで採用人数を充足できる。

より具体的には、今後2〜3年間で予定している採用人数により、投資すべき分野は変わる。以下に基準を示したい。

- **今後2〜3年間での採用人数が100〜数千名以上の規模になる（年間採用人数50〜数百名以上）**

採用マーケティングへの投資が極めて重要。「採用マーケティング改善＞オペレーション改善」。

採用スケジュール別のメリットとリスク（新卒）

	時期	目標	検討事項
①早期層向け（ショート）	1月 4月 7月 10月 1月 3月 7月 10月	1~10名前後 採用人数目安	**メリット** ①予算を最も抑えられる ②キャリア形成に意欲的な層に絞ってアプローチできる **リスク** 早期接点はできるが、学生は1年半にわたって就活するため、人事側でのつなぎ止めやクロージングが必要（＝人事工数はかかる）
②年内ミドル露出（ミドル）	1月 4月 7月 10月 1月 3月 7月 10月	10~40名前後 採用人数目安	**メリット** ①学生のボリュームゾーンをおさえた採用活動ができる ②早期の就活で成熟した層に接点を持てる **リスク** 露出を増やす企業が多く、かつ、学生も目が肥え始めているタイミングであるため、自社に一定のブランド力や魅力が必要
③１年半ワイド（ワイド）	1月 4月 7月 10月 1月 3月 7月 10月	50名以上~ 採用人数目安	**メリット** ①採用人数が最も増やしやすい ②多様な人材（理系、体育会系、留学組など）に接点を持てる **リスク** 費用がかかる。また、複数卒年度の選考を並行して行うこととなり、人事工数が増える。接触時期別にコンテンツや選考フローの設計を分けるので工数がかかる

※カレンダーは、大学2年の1月～大学4年の10月を表す

・今後2〜3年間での採用人数が50〜100名を超える規模になる（年間採用人数15〜35名以上）

オペレーションに加えて、採用マーケティングへの投資が必要になってきている。「採用マーケティング改善＝オペレーション改善」。（※バランスが大事）

・今後2〜3年間での採用人数が一桁または50名未満（年間採用人数1〜15名程度）

オペレーションの改善が優先。「オペレーション改善＞採用マーケティング改善」。

また、直近2〜3年間での採用目標が決まれば、必然的に採用スケジュールも決まる。中途採用は一般的に、年中実施しているケースが多い。一方で新卒採用のスケジュールは大きく前後することが多い。「直近2〜3年間のスケジュールの策定」「露出方針の決定」の2点を考えることで、スケジュールが立てられる。以降は、これがモデルケースになる。

もちろん、現実的には、このスケジュールは企業や市場環境、競合の動きによって前後するが、令和時点でのおおよその計画は次ページの図のスケジュールがベストである。

Column

サイエンスをサポートする分析ツールの活用

採用活動の状態をデータで分析し、企業が採用戦略を立て、改善していくために活用できるツールと方法について説明する。これらのツールは、データ駆動型の意思決定を支援し、採用プロセスの効率化と効果の最大化を目指すために有効である。

・分析ツールの紹介

Google Analytics

◎概要：ウェブサイトのトラフィックやユーザー行動を分析するツール。採用ページの訪問者数、滞在時間、離脱率などを分析できる。

◎採用活動への活用：どの採用ページが最も関心を引いているか、どの求人広告が効果的かを把握し、改善点を見つけるために使用する。

ATS（Applicant Tracking System）

◎概要：応募者管理システム。応募者の情報管理、選考プロセスの管理、コミュニケーションの自動化などが可能。

◎採用活動への活用：選考プロセスのどの段階で脱落者が多いかなどの分析を行い、プロセスの改善点を見つけるために使用する。

Tableau や Power BIなどのビジネスインテリジェンスツール

◎概要：複数のデータソースから情報を集約し、視覚的に分析・報告するツール。

◎採用活動への活用：採用データを集約し、視覚的なレポートやダッシュボードを作成することで、採用活動のトレンドやパターンを把握し、戦略的な意思決定を支援する。

・分析方法とプロセス

◎データ収集：ATS、WEBアナリティクス、ソーシャルメディア、内部データベースから関連データを収集する。

◎分析：収集したデータを上記のツールを用いて分析し、「定数」と「変数」の影響を理解する。たとえば、特定の求人広告のパフォーマンス、応募者の行動パターンなど。

◎インサイトの抽出：分析結果から、採用活動のどの部分が効果的で、どこに改善の余地があるかを明らかにする。

◎戦略立案：得られたインサイトをもとに、具体的な改善策や新たな採用戦略を立てる。

◎実行と評価：立案した戦略を実行し、その効果を再度ツールを用いて評価する。必要に応じて、戦略の修正や追加の改善策を行う。

第6章

「新卒・中途採用」の問題解決

うちの会社にはいい人が来ない

新卒採用は「スケジュールを知る」ことからすべてが始まる

いい学生を「口説ききれない」問題

新卒・中途採用を実践し、成功するためには、大きく次の3つの観点が必要になる。

・企業イメージ
・採用マーケティング
・採用オペレーション

このうち、企業イメージについては第4章で述べた。第6章では、新卒・中途採用のよくある課題を解決しながら、「採用マーケティング」と「採用オペレーション」に絞って伝えていきたい。

新卒採用は、「スケジュールを知る」ことからすべてが始まる。新卒採用マーケットの動き出しは、2010年代後半頃から早期化が進み、現状では

・春就活の候補者（早期層）
・秋就活の候補者（中期層）
・後期就活の候補者（後期層）

の、3つの層に分かれている。

新卒採用で重要なのはまず、このスケジュール感をおさえることだ。

最近は採用活動の前倒しが進みすぎた結果、いわゆる「春就活」はややレッドオーシャン化している。有名企業の難関インターンシップが乱立した結果、いい学生に対して接点を持てても、最終的に口説ききれない企業も多く出てきているのだ。

一般的に、学生の質は、春就活＞秋就活＞後期就活になる傾向があるが、秋就活、後期就活にはレッドオーシャンではない状況で候補者と対峙できるメリットもある。

それぞれの期間の特徴は、次の通りだ。なお、以下は学部の大学生を想定して書いているが、大学院生も同様になる。

●春就活

ひとつ目は、早期層の就活。都心部が中心になる。平均すると大学3年直前の2~3月頃から就活をスタートし、サマーインターンに参加して、大学3年の12月頃には就職活動を落ち着かせていき、翌年の春には就活を終了する。春から始まり、春に終わるから春就活と本書では表現している。

春就活組の中には、超早期層といわれる学生たち、大学2年の11月頃から就活イベントやサービスに登録して情報収集を始めて成果を出している層もいれば、就職活動が満足に進まず、長期化するケースもある。

●秋就活

2つ目は、秋就活といわれる就活。都心部だけでなく、全国の平均的な学生の動きだ。秋期に始まり、翌年秋前に終わる。平均すると大学3年の9~10月頃から就活をスタートし、オータムインターンやウインターインターンに参加し、大学4年の6月頃には就職活

新卒マーケットには動き出しの波がある

就職活動サービスの登録時期

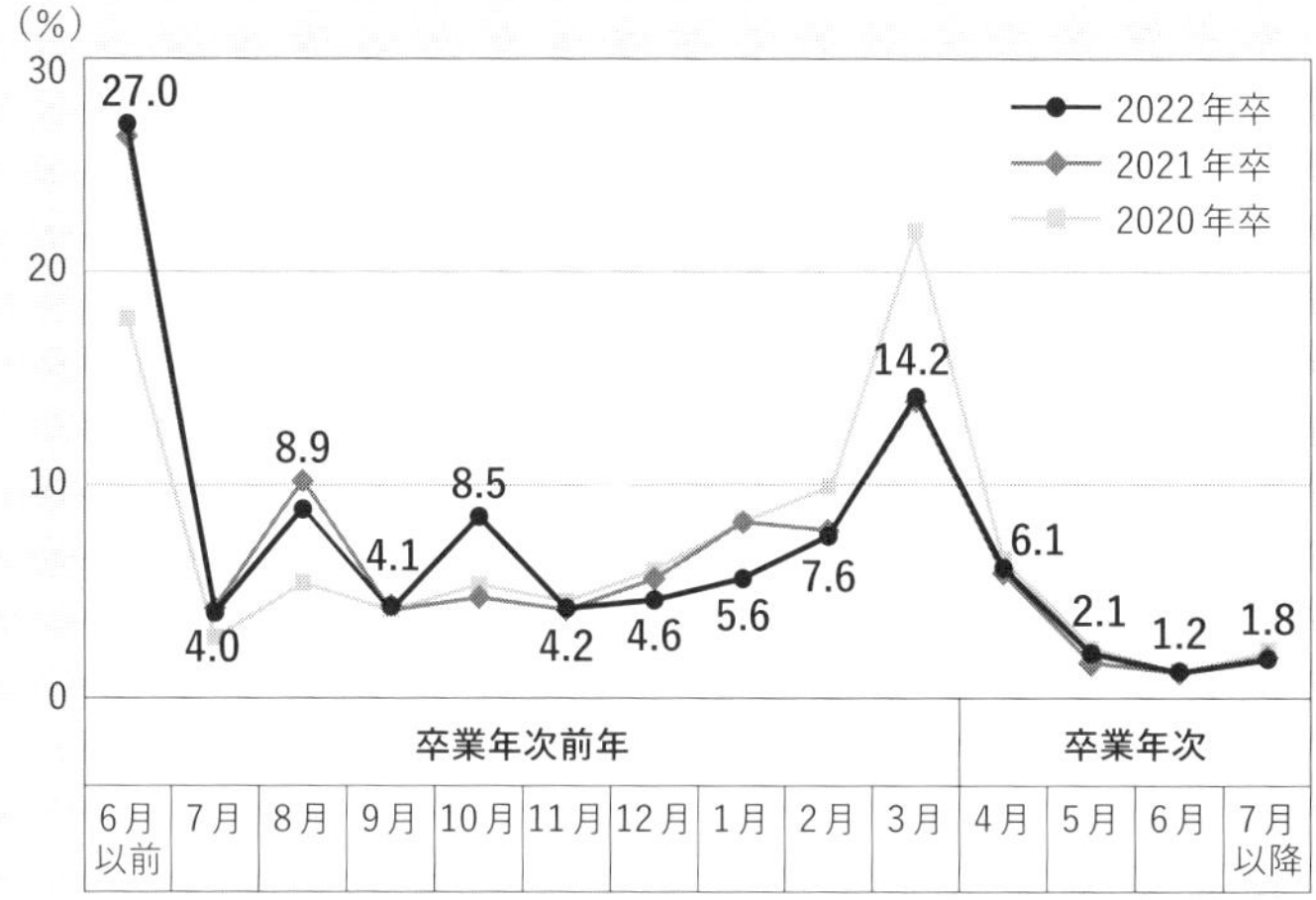

出所：ONE CAREER

動を落ち着かせていき、秋前に就活を終了する。秋前から始まり、秋前に終わるので秋就活と本書では呼んでいる。

・後期就活

最後が、後期就活といわれる、動き出しが遅い層。平均すると大学4年直前の3月頃から就活をスタートし、大学4年の卒業直前頃まで就職活動を行う。インターンシップに参加せずに人材紹介や大学の紹介で就職先を決める層も多い。

部活動やサークル、留学、アルバイトへの熱中によって就職活動をスタートするのが遅くなった場合や、単純に就職活動をスタートさせるのが億劫で遅くなるケースもある。

採用マーケティング

「4000社以上の中から選ばれる」ためには、まず目立つこと

選ぶのは「脳みそにとって苦痛」な行為

上場企業は約4000社存在し、その数は増え続けている。『会社四季報』を手に取ると、膨大な企業数に圧倒される。この中から1社を選ぶだけでも膨大な時間がかかる。未上場企業を含めると、企業数は数百万社に達し、人間の認知的キャパシティを超える。

企業選びは、脳にとって非常に苦痛な行為である。このことを踏まえ、母集団形成、クロージング、フォローアップの際には「天文学的な数の企業から自社を選んでもらう」こ

母集団形成の工程

母集団形成 （前工程）	上場企業だけでも約4000社以上ある会社の中から「知ってもらう」ためには、認知の壁を越える必要がある。「まず目立つこと」が前提として必要
クロージング （中工程）	この時点で非常に限られた選択肢に入ってきている。一方で、他の選択肢が4000以上あることも忘れてはいけない
フォローアップ （後工程）	通常、内定承諾が入った時点で、選択肢は3社程度に絞られている。そのため、効率がいい

とを前提とする必要がある。加えて、現代の若年層は「1秒を競う」世界で育っており、目立たないものは話題にすら上らない。目立つことが仲間集めにおいて絶対に欠かせない。

ここで重要なのが「採用マーケティング」である。どうしたら自社を選んでもらえるかを設計することが必要だ。目立ち方には多様な方法がある。企業名が知られている場合、広告やマーケティングが上手な場合、インターンシップや説明会の内容が評判がいい場合、採用担当者に魅力がある場合などだ。

採用力の根幹は「知ってもらう力＝目

入社予定先に入社したいと思ったタイミング

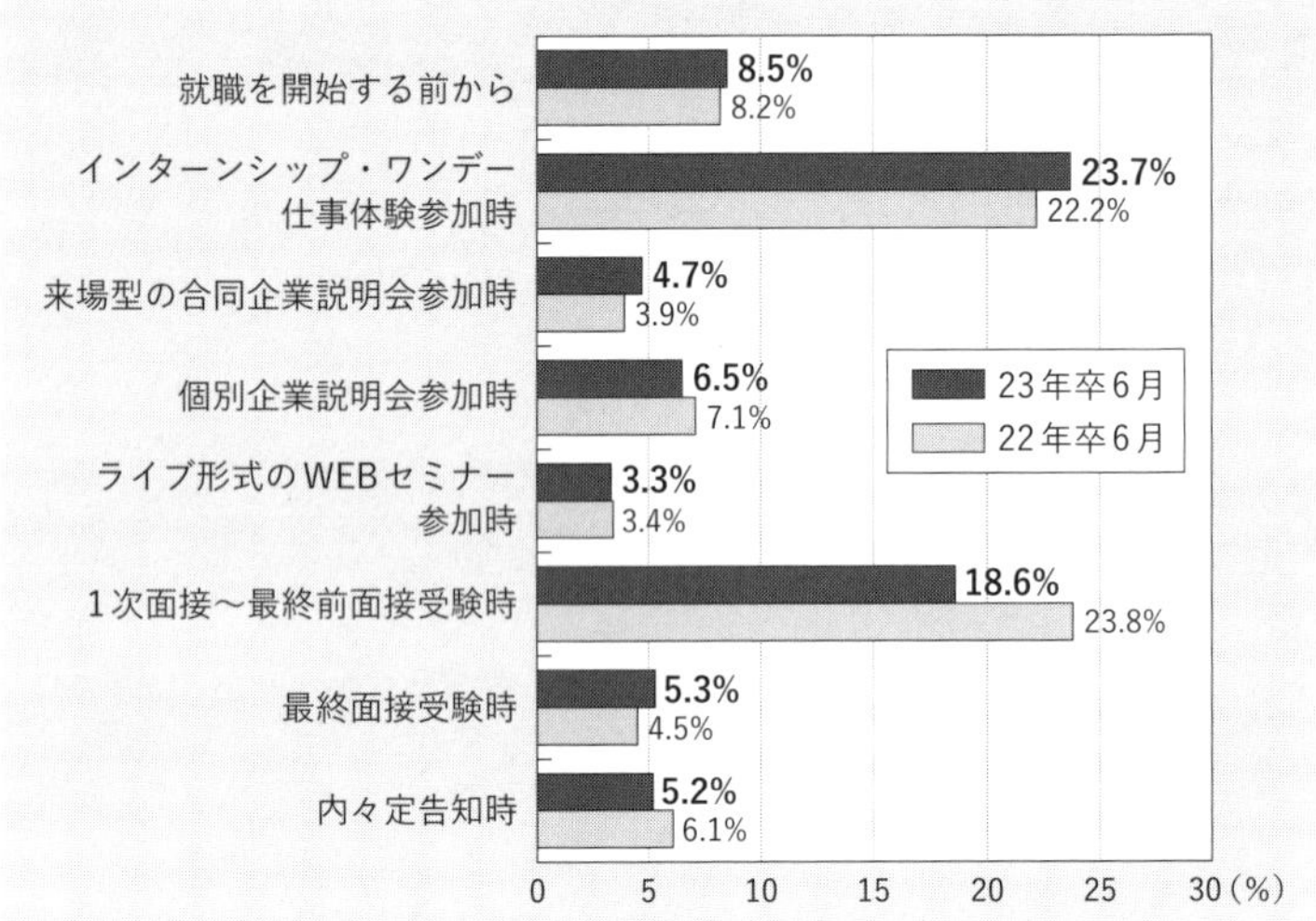

出所：マイナビ「2023年卒　学生就職モニター調査　6月の活動状況」

立つ力」である。特に「認知の壁」を越えるまでは「目立つ力」が最重要だ。認知の壁とは「〝知らない〟から、〝知ってもらう〟」までに必要な接点量を指す。母集団形成には「認知の壁」を越えることが不可欠だ。

「知ってもらいさえすれば、チャンスはある」

「認知の壁」を乗り越えるためには、有名企業が優位だが、悲観する必要はない。「知っていること」と「入社したいと思うこと」には乖離があるため、どんな企業にもチャンスがあるからだ。

具体的なデータでは、入社予定先に最初に入社したいと思ったタイミングは、就職活動を開始する前からの人はわずか8％ほど。残りの約92％は企業と接点を持ってからだ。「認知の壁」を越えれば、十分に勝てるチャンスがある。「知ってもらいさえすれば、チャンスはある」という言葉は本当なのだ。

採用マーケティング

なぜ、モテない男が美女と結婚できたのか

告白と採用活動は似ている

少しだけ話がそれて恐縮だが、私が好きなマンガに『インベスターZ』という作品がある。このマンガの中に採用力を考える上で非常に勉強になるシーンがある。

美人の隣になぜか、男前とは言いづらい男がいる。二人はバーのような場所でお酒を飲んでいる。男は美女を見つめている。どうやらいい雰囲気のようだ。そしてイラストの横にはコメントとして「美人の隣に座れるのは……美人に告白した男だけだ……」と書かれている。

いい人を採用できるのはいい人を追いかけ続けた会社だけ

出所：三田紀房『インベスターZ』（講談社）

つまり、美女と野獣の野獣側になれるのは、恥や失敗を恐れずに告白という行動をとった男だけである。こういう趣旨である。

これは、実は採用活動のプロセスに非常に似ている。いい人材、絶対に採用したい人材を最終的に採用することができるのは、その人物に対してオファーを出して、しつこく、徹底的に追い続けた採用担当者だけである。言い換えると「いい人材の隣に座れるのは……いい人材に内定を出した人事だけだ……」ということだ。

キーワードは「オンタイム」。タイミングと頻度をおさえよ

では、どうすればいい人材に内定を出し、入社してもらうことができるのか？

最も大切なのは「タイミング」と「頻度」だ。とにかく、採用したい人物を追い続け、接触頻度を落とさずに、相手が動くタイミングが来る時期を待つ。私はこの戦略を「オンタイム」と呼んでいる。オンタイム戦略こそが、採用活動において最も王道かつ最強の方法なのである。

なぜ、「オンタイム」が大事なのか。それは、採用活動のターゲットが「全員、既に見込み客だから」である。

もう少し詳しく説明しよう。商品やサービスなど他の営業活動（告白を含む）などと採用活動との違いは、前者が「購入の意思決定をする人と、しない人が交じっている」のに対して、後者は「必ず、ほぼ全員がどこかで働くという意思決定をする市場」であるとい

うことだ。

営業であれば、買うかどうかわからない人を口説かなければならないし、告白であっても相手に交際や結婚の意思があるかどうかわからない。

しかし、採用は違う。参加している候補者が「どこかの企業で働く」ことはほぼ必ず決まっている。

この考え方は、新卒採用でも中途採用でも同様に当てはまる。

日本の新卒採用の場合、大多数の人は、大学2年から卒業時までのどこかで就職先を決める。

中途採用が新卒採用と違うのは、今の会社に居続けるという選択肢があることだ。特に、自社に必要なレベルの人材は基本的に現職に残り続ける選択肢を持っているケースが多い。しかし、裏を返せば、365日いつでも「転職する機会がある」ともいえる。中途採用でも重要なのは、そういう人材が転職したくなったタイミングをおさえる＝オンタイムであることなのだ。商売であれば、絶対に逃してはいけない機会だ。

オンタイム戦略は、知名度のない会社の武器

求職者が「どこかの企業に必ず就職する」と決まっているからこそ、採用する側は、とにかく追い続けて、接触頻度を落とさずに、相手が決めるタイミングが来るのを待つ。つまり「オンタイム」であることが、結果を出すための一番の秘訣なのである。

そして、これは知名度のない企業にとっても、「勝つための最大の戦法」といえる。恋愛・婚活マーケットでいうと、確かに、外見がいい人物（＝有名人気企業）は、たくさんの声がかかる確率が高いかもしれない。あなたの競合は多いかもしれない。

しかし、その多くは、相手の表面的な部分を見ての求愛である。その中で、もしあなたが相手を追い続けてタイミングを待ち続ければ、その行為自体は必ず相手の記憶に残る。他とは違う存在になれる可能性はある。そしてそれは、誰でも凡事徹底できる差別化要素になりえるのだ。

採用マーケティング

求職者に「あの会社、こんなことがあったな」と思い出してもらおう

マーケティングの考え方を採用に応用する

では具体的に、「オンタイム戦略」を実行していこう。

マーケティングの世界では、CEP（Category Entry Point）という言葉がある。CEPとは、商品と顧客との接点のこと。商品やサービスを購入しようと思ったときにブランドを想起するきっかけとなる。採用の場合も、「あの会社、こんなことがあったな」と求職者に思い出してもらうポイントをつくるのだ。

たとえば、炭酸飲料のカテゴリーでは、「夏の暑い日の午後」「風呂上がり」「リフレッシュしたいとき」などがCEPとして考えられている。

CEPは、商品のブランディングの方向性を検討する上で非常に重要な概念だ。なぜなら、購入に結びつく入口の役割を果たし、多くのCEPを持つことができるブランドは、必然的に売上と市場シェアを拡大できることがわかっているからである。

この考え方を、採用に応用すると、どうなるだろうか。

採用活動におけるCEPとは、中途採用なら「転職したいと思ったタイミング」や「すぐに転職には紐づかなくても、自分の市場価値を調べてみたいと思ったタイミング」などだ。新卒なら「就職セミナーに参加したタイミング」や「就活サイトの登録前後」といった直接的なものもあれば、「学校のキャンパスに通う途中の駅広告」や「学校の先輩との何げない雑談」などがある。

この概念をおさえておくと採用活動全体の効率を格段に上げることができる。求職者の入口(=CEP)をおさえておくかどうかで、単年ベースの採用活動の効率は桁違いに変わる。

・目立つ
・オンタイムである

この2つの戦略を実行する上で、CEPの考え方は最強の武器となる。

大多数に知ってもらう必要はない

「理屈はわかったが、自社のリソースでは絵に描いた餅になる。そこまで予算も人も確保できない」

こういう声が聞こえてきそうだが、そこは安心してほしい。結論からいうと、ターゲットとの接点、CEPさえおさえていれば、少ないリソースでも戦うことは十分可能だ。

CEPを考えるときは、メインターゲットをできるだけ絞ることが重要になる。採用活動においても、同様だ。採用ターゲットの年間の動きを把握し、採用予算や工数が少ない場合にはターゲットを絞り込むべきである。

大事なのは「目立つ」「オンタイム」である

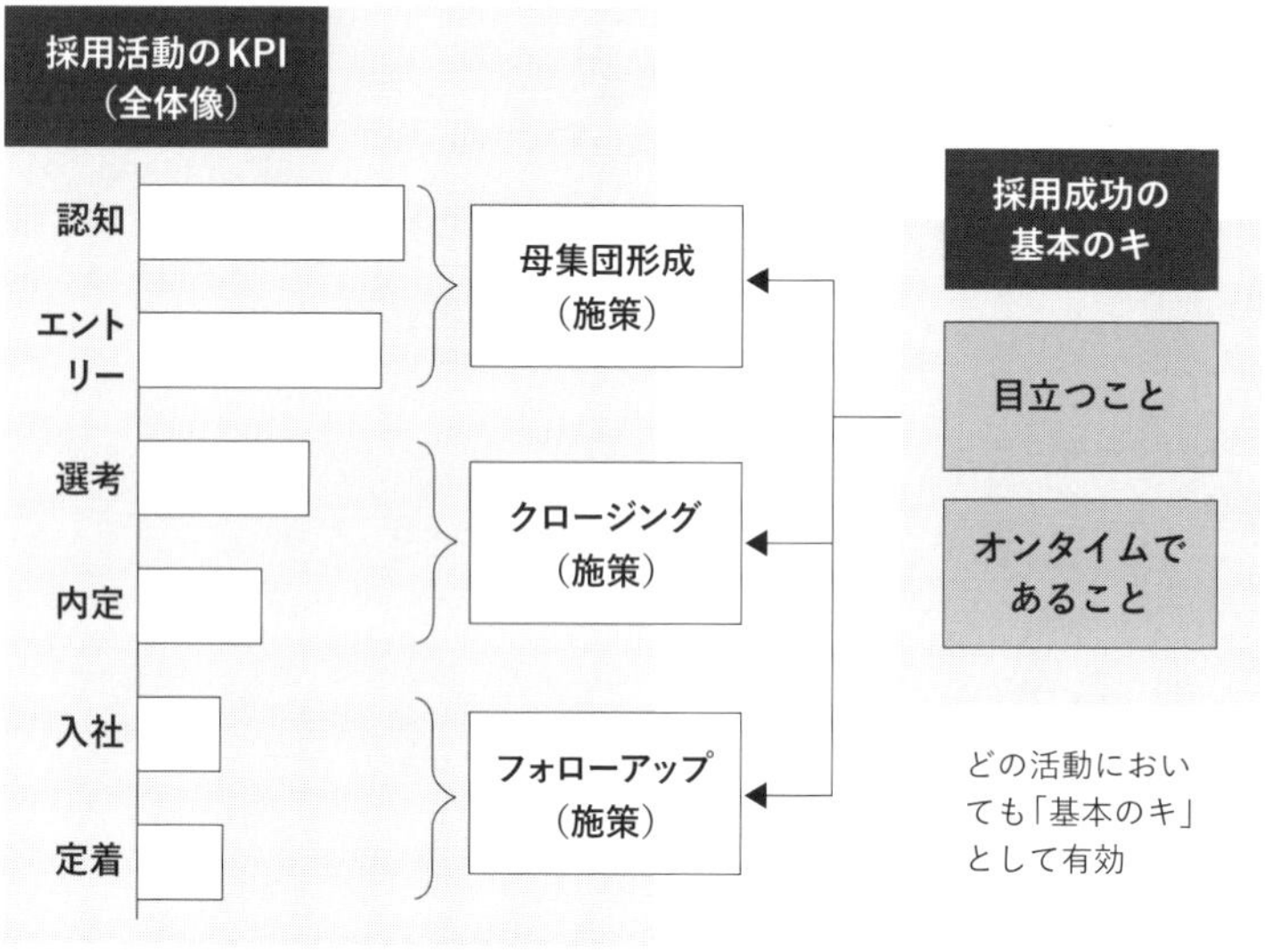

具体的には、新卒採用であればターゲットは関東の学生か関西の学生か、どの学校のどの学部を対象とするのか、大学の偏差値や学部の偏り、所属する部活動やサークル、理系か文系かなどの要素を絞り込むことで、狙うべき接点が明確になる。

中途採用でも、「エリア」「年齢の幅」「年収」「経験職種」「業界」などを絞ることで、CEPが明確になる。

年間に数百名単位で採用する場合には、全国や海外まで含めたCEPを意識する必要があるが、年間で数名から数十名単位の採用の場合にはエリアを絞り、諸条件を絞って考えるだけで効率は格段に上がる。

さらに言うならば、中小・中堅企業の場合、年間採用人数が1名ということもあるだろう。この場合、ターゲットを究極まで絞ることが重要である。具体的には、「先輩や後輩」を軸にするといい。経営者や人事担当者の出身地や出身大学の学生、出身企業の社会人をターゲットにすると効率がいい。同じ属性のターゲットを設定することで、土地勘や価値観の理解がしやすく、年間の動きも想像しやすい。年間の動きが想像できれば、CEPを設定しやすくなるからだ。

採用マーケティング

「誰を狙うか」は必ず言語化せよ

ターゲットを属性で分類する

採用マーケティング上のセグメンテーションは、属性で切った集団を指している。たとえば、新卒採用の場合、「エリア」「大学・大学カテゴリー」「理系文系」などだ。エリアであれば、関東なのか、関西なのか、どの地域までターゲットとするのかを選ぶ。

中途採用の場合は「エリア」「年代」「年収」「業界」「職種」「企業規模」「卒業大学・大学カテゴリー」「資格」などを指す。新卒と同様に、関東なのか、関西なのか、全国なのか。年代は20代・30代・40代・50代・60代のどこからどこまでが範囲なのか。業界や職種に指定はあるのか。所属する企業規模（社員数名〜数万名）に絞りはあるのか、などを指す。業種によっては卒業大学や資格の制限も含まれる。

セグメンテーションは、あくまで仮説でいいが、絶対に言語化する方がいい。理由は、母集団形成はチームでのマーケティング活動になるため、セグメンテーションを決めていない施策はコミュニケーション面での効率が非常に悪い。現実的には、いい人材がいれば幅広く内定を出すこともあるだろうが、共通認識をつくる必要があるからだ。経営陣が「あれも、これも」と求める人物像に対して、現場が「実際はそんな人採れないですよ……」と悩んでいる話はよく聞くが、こうした認識のギャップも、この段階ですり合わせておくべきだ。

ターゲットの解像度を上げる

ターゲティングをする上でのポイントは、徹底した求職者理解。つまり、ターゲットのことを解像度高く理解することだ。

求職者を理解するには、

母集団形成の全体像

ターゲティング

↓

求職者理解

顧客理解	詳細
コミュニティ理解	・ターゲットが生活の時間を消費しているメインの場所や所属はどこか？
スケジュール理解	・ターゲットが、所属するコミュニティの制限によって、毎日、毎週、習慣になっている行動パターンはあるか？ ・ターゲットが、所属するコミュニティの制限によって、年間のスケジュールで購買行動の特徴はあるか？
インサイト理解（欲と制約）	（所属するコミュニティとスケジュールを踏まえて） ・ターゲットが、求めている欲には何があるか？ ・ターゲットが、欲を満たす上で足かせとなる制約条件には何があるか？

↓

企画の決定（大筋）

決定項目	詳細
ターゲットコミュニティの決定	どのコミュニティ（複数可）をメインターゲットとして採用活動を展開していくべきか？
スケジュール決定	どのようなスケジュールで採用活動を展開していくべきか？
自社訴求ポイントの設定	ターゲットの欲と制約条件を満たす上での、提供すべき、訴求すべき自社の評価は何か？
リソース調整	上記の施策を実施していく上で、予算や人員は十分か？　追加の確保はどれくらい必要か？

・所属するコミュニティ
・採用スケジュール
・求職者インサイト

この３つを具体的に知ることだ。

所属するコミュニティとは、求職者が時間を一番使っている団体や集団を指す。

たとえば、新卒採用の場合「所属するサークル／部活」がコミュニティにあたる。メインとなるターゲットはゼミや研究室には所属しているのか。どういう部活やサークル、アルバイトをしているのか。採用人数が大きくなると、複数ジャンルのコミュニティから採用することになるので、その点も注意が必要だ。

そして、その求職者がどんなスケジュールで、どこを受けているかを把握するのだ。

ちなみに中途採用の場合、まずは「年代」が大きな要素になる。

20代か、30代か、40代以降か、所属する年代は価値観に影響を与えやすい。他にも、企業や業界、地域も特定する。メインとなるターゲット層は、関東か、関西か、九州か、海外か。所属する企業は大企業か、中小企業か。業種は、メーカーか、商社か、ＩＴ企業か。幅広く採用したい場合でも、一番メインとなる層を可視化する。職種別に採用する場合は、どういう部門や部署に所属しているのかを指す。

コミュニティが可視化されれば、最適なスケジュールが決まる

コミュニティを可視化すべき理由は、ほぼ必然的に最適なスケジュールが決まるからである。人の生活スケジュールは、一番時間を使っているコミュニティのルールで決まるのだ。

新卒採用の場合、都心部エリアの学生か、地方エリアの学生かによって、年間の動き出すスケジュールがおおよそ決まる。一般的には、都市部の学生の方が動き出すのが１ヶ月以上早い。あるいは部活動に取り組んでいる場合、大会などのスケジュールによって就活し始める時期が前後する。サークルやアルバイトも、繁忙期が決まっていることが多いため、繁忙期を外したマーケティングが必要になる。

中途採用の場合も、スケジュールはある程度読める。キャリアを考えやすい時期には、傾向があるからだ。年末年始や、人事異動が発表されやすい3～4月、9～10月頃は、中途採用に動く人が多い。ボーナス支給時期も同様だ。また、1週間単位で見ても、社会人であれば、月曜日や金曜日は忙しくてレスポンスが悪い。さらに1日単位で見ると、通勤時間や仕事後の方が当然、アクティブ率は高くなる。

採用競合とキャリアの悩みも予測しやすい

コミュニティを可視化することで、採用競合とキャリアの悩みも予測しやすくなる。キャリアの指向性は、所属するコミュニティに影響を受ける。新卒学生は部活やサークル、研究室やゼミに影響される。具体的には、先輩の就職先や業界を選びやすい傾向が挙げられる。たとえばコンサルティングファームに就職する先輩が多ければ、後輩も同様の傾向が強い。また、地域ごとに保守的（インフラ産業や地銀）か挑戦的（IT企業やグローバル企業）かのばらつきがある。コミュニティを可視化すれば、採用競合を設定しやすくなる。

これは中途採用でも同じだ。中途採用は所属する業界や職種が採用競合となりやすく、業界や職種ごとにキャリアの悩みも一定のパターンがある。たとえば、大手日系メーカーのルート営業をしている20代の悩みは「自分の市場価値」と「将来のキャリア像」が多い。具体的には「自社の経営は安定しているが、将来が予測できてしまい、今の会社に居続けると選択肢が狭まるのではないか」という不安を持ちやすい。

コミュニティを可視化することで、採用競合とキャリアの悩みが予測しやすくなるのだ。

採用オペレーション

「ブロック診断」で自社の優先課題を見つける

採用課題の解決方法は3パターンしかない

ここまで、戦略を決め、ターゲットを定める「採用マーケティング」の話をしてきた。ここからは、それを実行する「採用オペレーション」の説明をしていきたい。

第1部の理論編で述べたように、採用活動の改善において真っ先にやるべきことは「採用課題」の特定である。自社の採用活動のどこがボトルネックになっているのか？　これを特定していくことである。

採用力を上げるにしても、「そもそもどこが課題なのか」を特定しないと、打ち手がない。採用課題は実は大別すると3パターンしかない。

優先事項を特定する

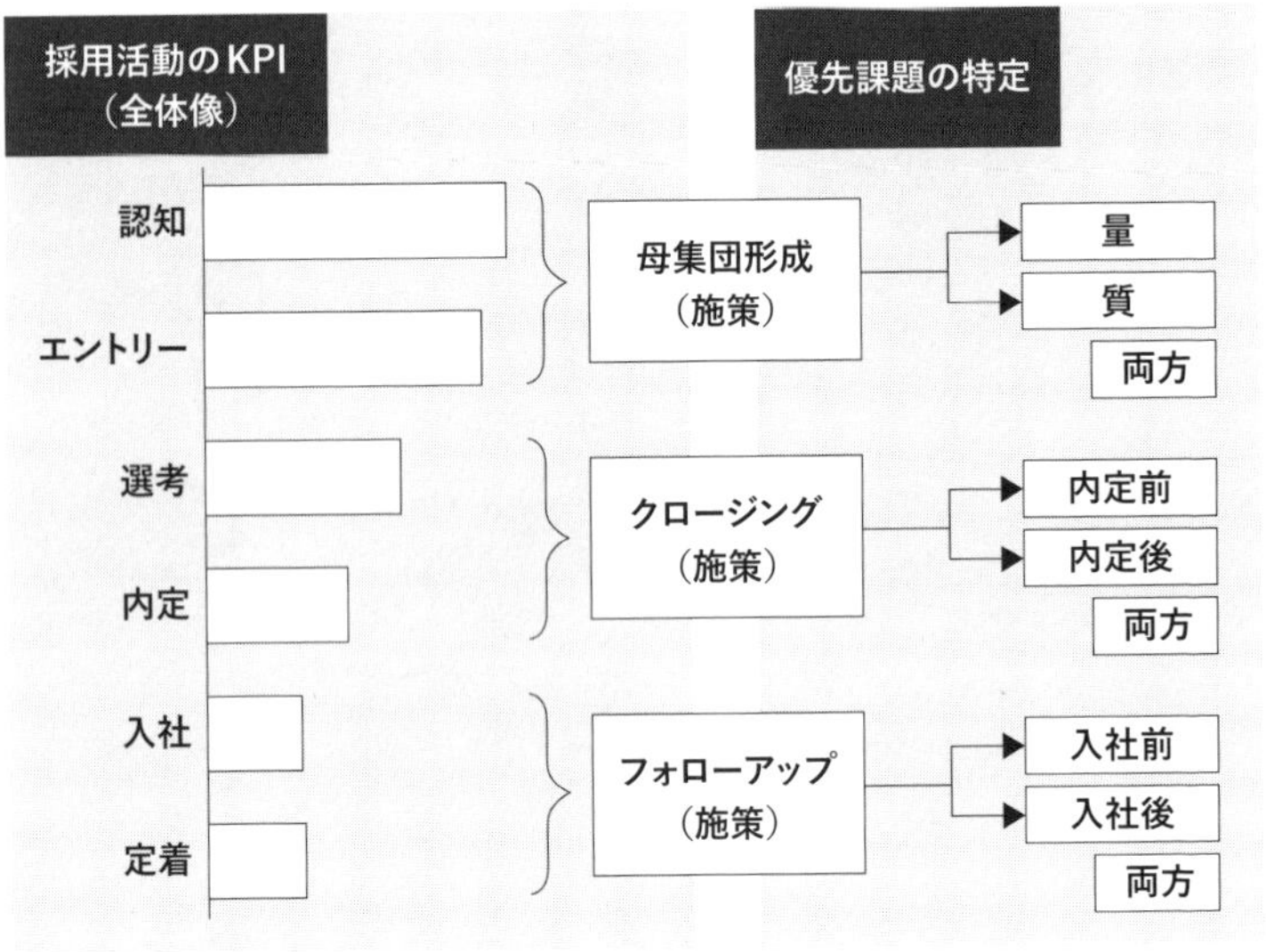

①そもそものエントリー数が少ない、認知が少ない、誤解が多い場合→母集団形成

②競合に負ける、選考に進んでくれない、歩留まりが悪い→クロージング

③内定辞退が発生する、入社後に苦戦する人が多い→フォローアップ

大まかな課題が見えたら、次はその中でも特に解決すべき「優先課題」を特定しよう。

・母集団形成の問題は、質か、量か？
（あるいは、どちらもか？）

・クロージングの問題は、内定前か、内

定後か？（あるいはどちらもか？）

・フォローアップは、入社前か、入社後か？（あるいはどちらもか？）

「母集団形成」「クロージング」「フォローアップ」それぞれの打ち手

課題が特定できたら、次は打ち手を構造的に把握しよう。

たとえば、母集団形成に対しての打ち手は、「企業イメージの改善」や「登壇数／掲載量の増加」などがある。クロージングに対しての打ち手は、「採用チームの見直し」や「接触時の訴求ポイントの変更」などがある。フォローアップに対しての打ち手は「採用競合対策の強化」や「内定者研修のコンテンツ見直し」などがある。

採用の打ち手は以下のブロックでまとめられる。これまでブラックボックスだった優れた人事担当者の頭の中を可視化すると、192ページでも紹介した6つのカテゴリーに分類できるのだ。

マーケティング、オペレーションそれぞれで打ち手を特定する

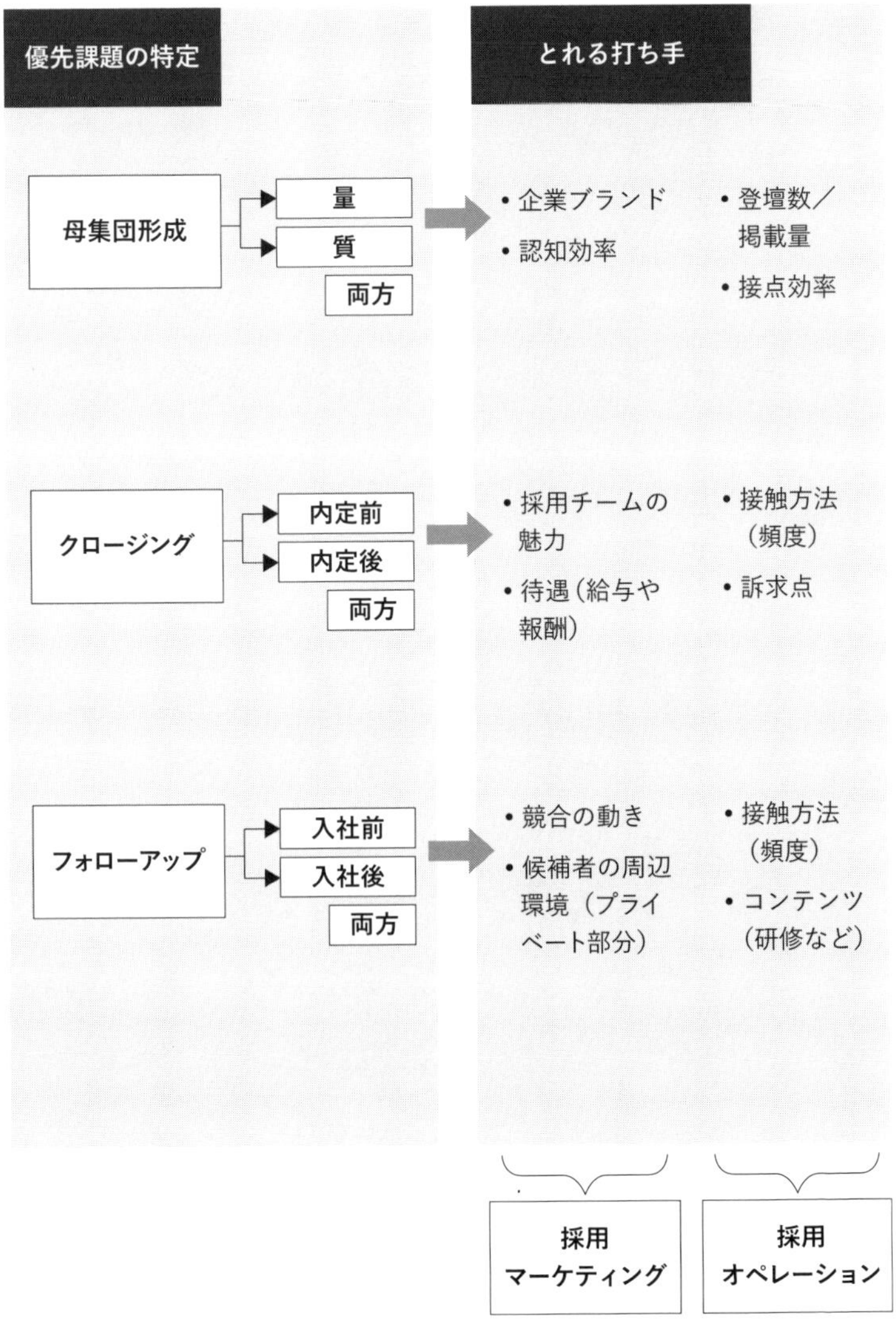

考えるべき６つのカテゴリー

母集団形成 × 採用マーケティング	母集団形成 × 採用オペレーション
クロージング × 採用マーケティング	クロージング × 採用オペレーション
フォローアップ × 採用マーケティング	フォローアップ × 採用オペレーション

各項目の定義

分類	概念	定義
母集団形成	企業イメージ	企業名に対してのブランドイメージの良し悪し。採用活動に直接関係ないイメージも含める
	事前認知	企業名／求人に対する事前の認知率。高い方が一般的には優位になる
	登壇数／掲載量	採用関連イベントへの登壇数と接触人数 求人メディアへの掲載期間と露出量
	接点効率	接触または露出の1回あたりの認知効率。記憶に残る確率
クロージング	採用チームの魅力	採用活動を主体としているチームメンバーの人間的魅力・多様性
	待遇（給与や報酬）	入社後の待遇や給与、福利厚生などの条件的魅力
	接触頻度	採用したい候補者に対しての接触頻度と、担当者、コンテンツ内容などの魅力
	訴求点	内定承諾を促す上での自社の訴求ポイントや訴求方法、メリット
フォローアップ	競合の動き	採用上の競合状況と、採用競合の魅力や戦い方による影響
	候補者の周辺環境	採用候補者のプライベート事情による入社への影響。家族や友人、恋人などからのクチコミも含む
	方法（頻度）	内定を出した後の接触頻度や、メンターを通じたコミュニケーション内容
	コンテンツ（研修など）	内定を出した後の研修やインターンシップなどを含めたコンテンツの設計

採用オペレーション

内定辞退はなぜ起きるのか

内定辞退の主な理由

母集団形成→クロージング→フォローアップの各フローの中でもクロージング時の「内定辞退」は近年急激に増加し、採用担当者に最もダメージを与える最大の悩み事だ。せっかく何度も調整し、選考して決まった内定者を逃すことになるのだから、当然だ。大手でも内定を出した候補者の半分が辞退するケースはザラであり、この課題には業界、規模を問わずすべての企業が悩まされている。内定辞退を最小にするには、その理由を採用チーム全体で把握し、打ち手を考える必要がある。

●他社からのより魅力的なオファー

より高い給与、いい福利厚生、キャリア成長の機会が提示されている。

●企業文化やチームとのフィット感の欠如

面接プロセス中に居心地の悪さや不安を感じている。

●オンボーディングプロセスの不透明さ

入社後の期待やキャリアパスが不明瞭だと感じている。

●面接や選考プロセス中のコミュニケーションの欠如

フィードバックの不足や返信の遅れがあった。

「候補者の本心がわからなくなった」という声も多い内定辞退だが、実は原因はこの4パターンくらいに分類することができる。事前にパターンを知っておくことで、内定辞退という結果になる前に対策を打つことができる。

それぞれの不満への対策

原因を特定したら、対策をする。詳細は以下を参考にしてほしい。

・他社からのより魅力的なオファー

業界基準を調査し、可能な限り競争力のある給与を提供する。
候補者に対して企業内での成長と発展のチャンスがあることを伝える。

・企業文化やチームとのフィット感の欠如

採用プロセスを通じて企業の文化と価値観を強調し、候補者と企業とのフィット感を感じられるようにする。

内定を出す前に、チームメンバーとの非公式なミーティングやランチを設定し、相互のフィット感を確認する。

・オンボーディングプロセスの不透明さ

オファー時に、入社後のオンボーディングプロセスと初期のキャリアパスについて明確に説明する。

・面接や選考プロセス中のコミュニケーションの欠如

面接や選考プロセスの各ステージで候補者に対して定期的に情報を提供し、質問には迅速に回答する。

これらの対策は、単なる「引き留め」ではない。候補者が企業との関係をより価値あるものと感じ、内定後も安心して入社できるようにすることを目的としている。つまり、内定辞退への対応は、入社後にも響くと考えた方がいいだろう。

ちなみに、メガバンクなどは長年「リクルーター制度」を導入してきた。候補者と同じ大学出身のＯＢＯＧが学生と常にコミュニケーションをとり、クロージングする王道の手法だ。ただし、労働集約型（いわば人海戦術）であり属人的でもあるため、ここに頼りすぎない設計が必要である。

採用オペレーション

求人票に徹底的にこだわれ

一度出してダメならすぐ修正

明日から実施できる施策としては、求人票の改善がある。求人票を作成する際にも、求職者理解がベースになる。求職者が何を求めて、どういう表現であれば申し込みたいと思うのかを考えるか否かで、実際のクリック率や申込率は大きく上下する。

当社のカスタマーサクセスチームが支援するケースでも、求人内容はそのまま、タイトルや画像バナーを変えるだけで、成果（クリック率やＰＶ数）が2～3倍になることはよくある。母集団形成への影響が極めて大きい。

こだわるべきポイントは次の通りだ。

①求人票のタイトル

求人票には求職者が魅力を感じるキーワードを入れる。業界のトレンドキーワードやポジティブな表現を積極的に使用する。長すぎず短すぎず、簡潔で明確なタイトルにする。

②求職者の目を引くデザイン

企業の魅力や職場の雰囲気を伝える画像を使用する。写真は明瞭なものを利用する。ボヤけた色味は避けて、目立つ色味を主体にする。スマートフォンでも見やすい文字の配置・大きさ・分量にする。

③応募手続きの簡便化

応募方法をシンプルでわかりやすくする。応募者がすぐに行動に移せるよう、応募フォームや連絡先を明確に示す。たとえば「簡単3ステップで応募完了!」「まずは履歴書をメールでお送りください」など。

特に「求人票のタイトル」と、「バナー(画像)」の2点には徹底的にこだわり、トライ

求人票のバナー、タイトル改善例

BEFORE

CRM業界の1Day仕事体験 #顧客リレーションの専門家 # フィードバックあり #社員懇親会あり

AFTER

タイトルにクチコミを入れると効果大

【クチコミ4.1点】〇〇グループの注力事業。CRMマーケティング戦略から実行まで学べる1dayプログラム。【早期選考直結／会社説明会】

デザインは写真なども入れる

アルアンドエラーの精神で、少し出して反応が悪ければ、すぐに修正する方がいい。

デザインにはお金をかけよ

求人票作成時はデザインにもお金をかけた方が絶対にいい。

中堅中小企業の場合、社内にデザイナーがおらず、人事担当者がパワーポイントやワードなどを使い、クリエイティブをつくってしまうケースもある。人事としては気にしていなくても、求職者が見ても素人がつくったことが明らかにわかり、それだけで避けられてしまう。

現在では、クラウドソーシングのサービスを使えば1枚5000円程度から2万〜3万円程度でデザイナーに外注ができる。求人を掲載する費用は数十万円かけていても、デザインが悪ければエントリーにはつながらないため、非常にもったいない。

もし自社に自信がなければ利用しているサービスのカスタマーサクセスチームにアドバイスをもらいながら進めるのがいいだろう（ちなみに、当社の「ONE CAREER CLOUD」でも、取引のあるクライアントには個別にアドバイスしている）。

採用オペレーション

6つのマスを一人の採用担当が担当してはいけない

6項目ごとに担当者を代える

母集団形成、クロージング、フォローアップの各プロセスには成功のための複数のポイントが存在する。一般的に採用活動は同じ採用責任者がすべてを担当することが多いが、各領域での得意分野は異なることが多い。採用マーケティングはマーケティングやブランディング、PRの観点が求められ、オペレーションは営業力や管理力、責任感が求められる。つまり、採用マーケティングはマーケティング活動であり、オペレーションは営業とCS（Customer Success）活動である。

母集団形成では「物量」や「行動量」が勝敗を決する。採用活動に関わる人が多いほど強く、クロージングでは「質」が重要になる。コミュニケーション能力や経験値が必要だ。

フォローアップでは「安心感」や「相性」が重要で、信頼を築くことが求められる。これを考慮すると、採用活動はチーム戦であることが理解できる。

採用チームの最適なフォーメーションは、サッカーチームのフォワード、ミッドフィルダー、ディフェンダー、GKが最適に配置された状態に似ている。では、具体的にどのような人物が担当者として適任か？ 採用人数とターゲットによるが、以下の傾向がある。

「最適な人物像」は変わる

- **母集団形成／クロージング×採用マーケティングに適任の人物**

  マーケティング観点が強い人物

  求職者理解が高い人物

- **フォローアップ×採用マーケティングに適任の人物**

それぞれの業務に最適な人物像

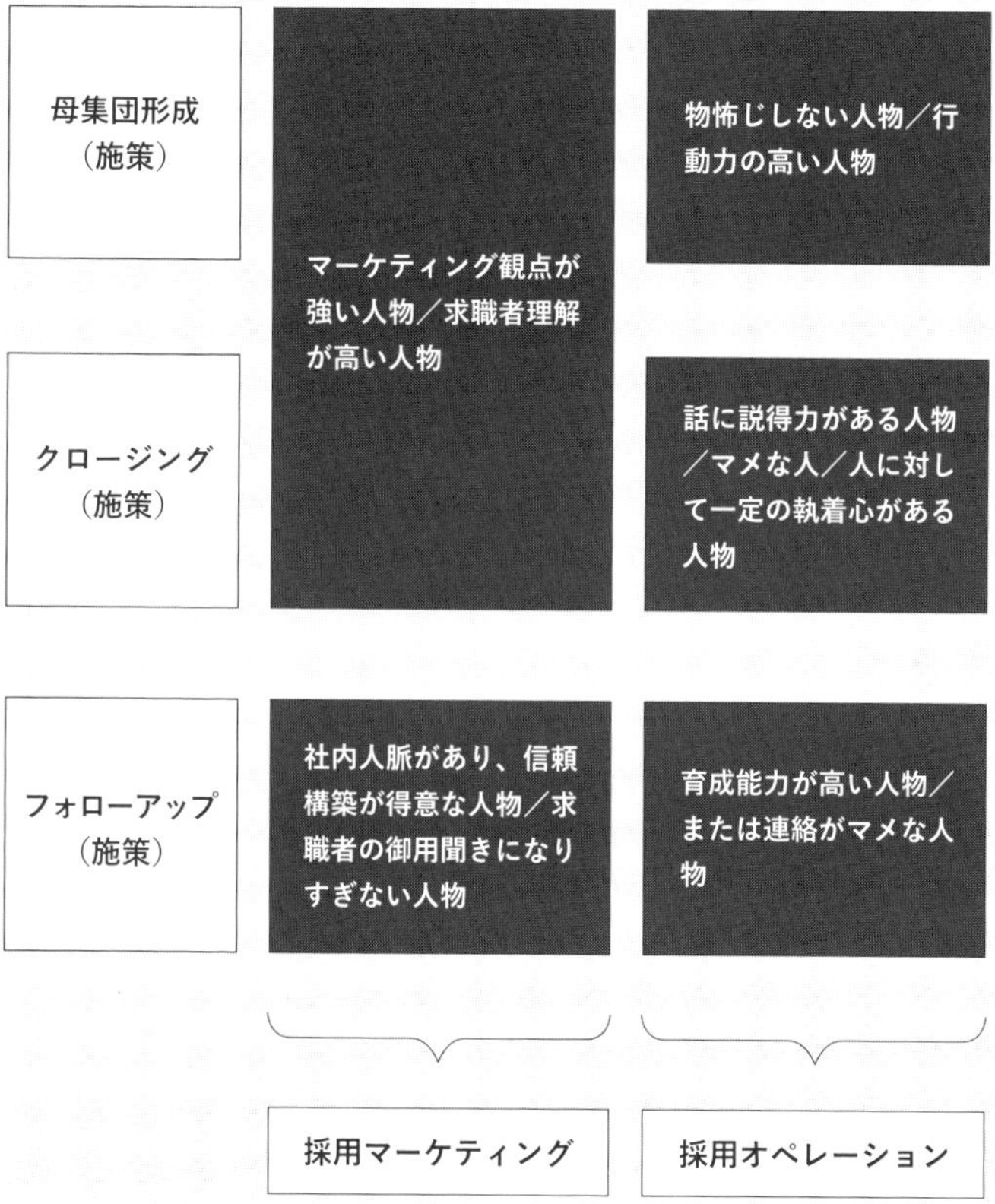

母集団形成 （施策）	マーケティング観点が強い人物／求職者理解が高い人物	物怖じしない人物／行動力の高い人物
クロージング （施策）		話に説得力がある人物／マメな人／人に対して一定の執着心がある人物
フォローアップ （施策）	社内人脈があり、信頼構築が得意な人物／求職者の御用聞きになりすぎない人物	育成能力が高い人物／または連絡がマメな人物

採用マーケティング　　採用オペレーション

社内人脈があり、信頼構築が得意な人物
求職者の御用聞きになりすぎない人物

●母集団形成×オペレーションに適任の人物

物怖じしない人物
行動力の高い人物

●クロージング×オペレーションに適任の人物

話に説得力がある人物
マメな人物
人に対して一定の執着心がある人物

●フォローアップ×オペレーションに適任の人物

育成能力が高い人物
連絡がマメな人物

採用オペレーション

チームの「多様性と包括性」を維持する

放っておくと偏るのがチームのバランス

担当者を決めた後、さらに考えてほしいのが「チームの多様性と包括性」である。これは、自社の年間採用人数が30～50名以上を超える際は、特に考慮すべき項目になる（もし該当しない読者の方はここは読み飛ばしていただいても問題ない）。

社内の多様性を担保しようとするならば当然、入口となる採用時点でも多様性を担保しておいた方がいい。採用における多様性とは、国籍・性別・経歴（出身大学・出身企業）・専門性・出身地域などを指す。また、一部企業によっては出身高校も含むことがある。

自社で活躍できる人物の属性は偏っていることが多い。放っておくと、多様性は減っていく傾向が強い。そのため、自社の採用チームで、あえて目標値を立てて管理していく方がいいだろう。この場合もどんな目標を立てるかが論点になるが、「母集団形成」の数字が一番管理しやすい。具体的には「イベント接点数」や「エントリー数」を指す。

女性採用比率を15％から40％に引き上げることに成功

たとえば、ある日系大手企業は女性採用比率が15％程度だったのが、5年で40％まで引き上げることに成功した。母集団形成時点（エントリー時点）でも女性の割合を同程度に上げることに注力していた。面接の通過率自体は、面接官の技量や能力による部分で変動してしまうため、採用チームとしては「イベント接点数」や「エントリー数」などの初期KPIで目標を立てて追う方がいい。

同様に、多様性のある採用を実現するには、採用チーム側の多様性も担保していないといけない。採用人数の多様性の目標を設定したら、迎え撃つ採用チーム側も同じ割合にするべきである。たとえば、先ほどの例であった、女性採用比率を40%にしたいのであれば、採用チーム側も40%前後の構成員を女性にする必要がある。あるいは、面接や面談、インターンでの社員総数の40%を女性にした方がいい。求職者観点からすると「自分と同じ属性」を持った人に対して、ポジティブな印象を持ちやすいからである。

なぜ、採用担当の採用マーケティングのレベルは上がらないのか

引き継ぎが不十分なまま、オペレーションに追われる

採用担当者は多くの場合、母集団形成に強くない。これは採用マーケティングという仕事自体が、トレーニングを積むことが難しいのが原因だ。採用マーケティングには広範な裁量が必要であり、成果が定量化しづらい。加えて、日々の採用業務は非常に忙しく、常に時間の制約がある。

特に採用規模が大きい企業では、引き継ぎも前年踏襲が多く、根本的にどうあるべきかを考える機会がないまま、オペレーションに追われてしまいがちだ。採用担当者は常に候

補者を追い続け、オペレーションの話だけで忙殺されるため、採用マーケティングに時間を割けない。採用と経営を結びつけて考える時間がないため、長期的な視点での採用マーケティングスキルの育成が困難だ。企業は長期的な観点から「採用マーケティングスキルの人材育成」に投資する必要がある。

どうやって「採用マーケティング」をトレーニングするか？

採用マーケティングのスキル向上には、マーケティング思考を取り入れることが必要だ。これは「求職者の行動・インサイトから逆算して考えること」である。マーケティング思考を高めるためには、普段から以下の視点で考えることが重要だ。

ターゲットの理解：求職者のニーズや行動を深く理解する。
適切な接点の設定：求職者が頻繁に利用するメディアやプラットフォームを活用する。
継続的な評価と改善：マーケティング活動の成果を定期的に評価し、改善を図る。

これらのアプローチを通じて、採用マーケティングスキルの向上が図れる。

さらにより具体的に、以下のような視点で普段から考えると良いだろう。もし、自社の採用マーケティングに課題を持っている場合、ぜひトレーニングに使ってみてほしい。

採用マーケティング力を高めるための「6つの問い」

Q1　求職者の注目度が高い場所・サイトに名前やロゴが載るためには、どうすればいいか?
（たとえば、企業ランキング、有名大学のキャンパスの看板など）

Q2　求職者が就職先／転職先を決める際に参考にするサイトや情報誌にポジティブな情報や事実を載せるためには、どうすればいいか?
（たとえば、企業クチコミサイト、大学のキャリアセンターの情報誌など）

Q3　ネット上やSNSで自社の情報を調べた際に、自社の魅力や考えがわかりやすい形で表示されるためには、どうすればいいか?

（たとえばXやINSTAGRAM、Google検索で自社のサイトやSNSが上位表示されるなど）

Q4 採用チームの構成（属性や経歴）が、自社の採用ターゲットと共通点がある、または魅力的に映るためには、どうすればいいか？
（たとえば、ターゲット企業や大学と同じ経歴を持つ人物を採用チームに入れておくなど）

Q5 自社の待遇や給与報酬が、ターゲットのニーズに対して訴求できるポイントとは？候補者が不安を感じている場合、どこを魅力として訴求すべきか？
（たとえば、給与面で競合他社に負ける場合、働きやすさや社風の違いを訴求するなど）

Q6 自社の採用活動が、採用競合の動きに対して後れを取らず、量の面でも戦える水準を維持するために、具体的にどう勝っていくのか？
（たとえば、採用競合よりも早いタイミングで接触するためのイベントや説明会の設計など）

中途採用のエージェントマネジメント

自社にいい人材を連れてきてもらうために不可欠

この章の最後に、中途採用特有のポイントを整理しておきたい。中途採用の場合は、「エージェントマネジメント」が重要な要素として加わる。

エージェントマネジメントとは、転職エージェントと良好な関係を構築して、自社にいい人材を連れてきてもらう手法のことだ。新卒採用マーケットと違って、中途採用は、求職者の動き出しがバラバラになる。わかりやすい就職活動という動きがある新卒に対して、転職活動は人それぞれに置かれている環境や状況が違う。そのため、1対1で候補者に対して自社の魅力を伝えるエージェントマネジメントが極めて重要になる。

エージェントは、「単価（＝手数料や初期費用）」と「決定人数」が利益の源泉になる。決定人数は、紹介人数と採用プロセスの効率性（＝通過率）で決まる。この利益の源泉を理解した上で、より具体的にエージェントマネジメントを成功させるポイントは以下の通りになる。

●エージェントとの関係構築

エージェントと定期的にコミュニケーションを取り、良好な関係を築くことが基本である。自社の最新情報やニーズを共有し、エージェントが自社を理解しやすい環境を整える。

●明確なポジションの提示

エージェントに対して、自社が求める具体的なポジションや求める人物像を明確に伝えることが重要である。これにより、エージェントが適切な候補者を見つけやすくなる。

●迅速なフィードバック

エージェントから紹介された候補者に対して迅速にフィードバックを行うことが求められる。これにより、エージェントの信頼を得るとともに、候補者の選考プロセスをスムーズに進めることができる。

・成果報酬型の追加インセンティブ

エージェントに対して、追加の成果報酬型のインセンティブを提供することも有効である。成功報酬を設定することで、エージェントのモチベーションを高め、より優れた候補者を紹介してもらいやすくなる。

エージェントマネジメントのチェックリスト

・チェックポイント1：定期的な情報共有会

エージェントとの定期的な情報共有会を開催し、自社の最新の採用ニーズや戦略を共有する。この場で、エージェントからのフィードバックも受け取り、双方の理解を深めることが重要である。

・チェックポイント2：エージェント向けトレーニング

エージェント向けに自社のカルチャーや求める人物像についてのトレーニングを実施す

る。これにより、エージェントが自社にふさわしい候補者をより的確に見極めることができるようになる。

●チェックポイント3：成果の評価とフィードバック

エージェントからの紹介で採用に至った場合、その成果を評価し、エージェントにフィードバックを行う。成功事例や改善点を共有することで、今後の紹介精度を高めることができる。

●チェックポイント4：エージェントとの長期的パートナーシップ

一時的な関係ではなく、長期的なパートナーシップを築くことを目指す。信頼関係を構築することで、エージェントからの継続的なサポートを得ることが可能となる。

リファラル採用とオンボーディング

当然、中途採用では、エージェントマネジメントだけでなく、選考体験の質の向上も重要だ。以下の施策も利用しよう。

- **内部推薦制度（リファラル）の活用**：社内の従業員からの推薦を活用し、信頼性の高い候補者を得る。
- **求職者の体験向上**：選考過程の透明性を高め、迅速かつ丁寧な対応で候補者の印象を良くする。
- **オンボーディングプロセスの整備**：入社後のオンボーディングプロセスを整備し、新入社員が早期に組織に適応できるよう支援する。

中途採用においては、エージェントマネジメントを中心に据え、選考体験の質の向上を図ることが重要である。エージェントとの強固な関係を築き、内部推薦制度やオンボーディングプロセスを整備することで、優れた人材を効果的に採用し、定着させることができる。この一連の取り組みにより、自社の採用力を大幅に向上させることが可能となる。

第7章

仲間集めはサイエンスできる

ケーススタディと採用の9か条

「仲間集め」の再現性を確かめるケーススタディ

あなたならどうする？

本書の冒頭に、私はこう述べた。

『仲間集め』はサイエンスできる。この本でひと言だけ覚えて帰ってもらうとしたら、この言葉だろう」と。

第6章までは、このゴールに向かって、「採用課題を設定する方法」「企業イメージの構築方法」「現場の採用課題の解決策」など仲間集めの再現性を高める方法をお伝えしてきた。第7章では、ここまでで学んだことをベースに、より再現性を高めるためのケーススタディをご紹介して終わりにしたい。ケーススタディを一緒に行うことで、採用成功に向けて、どのように考え、どのように進めていくのかを再確認できる。何より、採用戦略に対しての解像度や再現性がグッと上がったことを実感できるはずだ。本書を読む前と後では、別の次元で採用を考えられるようになっていることに気づくだろう。

ぜひ、「自分ならどうするか？　どう戦略を立てるだろうか？」と思いながら読んでほしい。なお、解答例を巻末に記載しているので参考にしてほしい。

また最終章となる本章では、ここまで述べてきた内容の集大成として、「採用の9か条」もご紹介したい。当社はこれまで3000社以上の採用を支援してきたが、「いい人が来てくれる会社」が取る行動パターンには、共通の法則がある。人間の本質はいつの時代も変わらないため、この法則は、時代を超えた普遍的ルールとして適用できる。

ケーススタディ①

東京のIT企業A社の採用戦略をつくる

あなたは株式会社Aの人事部長だ。同社は、優秀な人材の確保と定着を目指しており、特に以下の3つの課題に取り組む必要がある。

〈課題〉

- **採用コストの増加**：現状の採用活動において、広告費や採用エージェントへの支出が増加しており、採用コストが予算を超過している。
- **内定辞退率の高さ**：内定を出した後、求職者が他社に流れてしまうケースが多く、内定辞退率が高い状況。
- **企業イメージの認知不足**：競合他社と比較して、A社の企業イメージや認知度が低

株式会社Ａの基礎情報と採用情報

項目	詳細
企業名	株式会社A
業種	ITサービス
従業員数	300名
本社所在地	東京都港区
創業年	2010年
年間売上高	50億円
主要事業	クラウドソリューション、システム開発、データ解析
競合企業	株式会社B、株式会社C
採用目標	年間20名の新卒採用および10名の中途採用
現在の課題	採用コストの増加、内定辞退率の高さ、企業イメージの認知不足
強み	高い技術力、フレンドリーな企業文化
弱み	競合に比べて給与水準が低い、採用マーケティングの弱さ
長期目標	5年以内に従業員数を500名に増やし、海外市場へ進出

く、求職者からのエントリー数が少ない。

これらの課題に対して、本文で学んだ理論や概念を活用し、具体的な採用戦略を提案してみよう。提案には、以下の要素を含めること。

- 採用コスト削減のための具体的な施策
- 内定辞退率を低下させるための対策
- 企業イメージ向上のためのマーケティング戦略

ケーススタディ②

大阪の小売企業B社の離職率、採用難を改善する

あなたは株式会社Bの採用リーダーである。同社は全国に多くの店舗を展開し、地域密着型のサービスを強みとしている。しかし、以下の3つの課題に直面している。

〈課題〉

- **高い離職率**：特に若手社員の離職率が高く、採用してもすぐに辞めてしまうケースが多い。
- **地域ごとの採用難**：特に地方の店舗では、応募者数が少なく、採用活動が困難な状況。
- **企業文化の一貫性**：全国に多くの店舗を展開する中で、各店舗間の企業文化に違い

株式会社Bの基礎情報と採用情報

項目	詳細
企業名	株式会社Ｂ
業種	小売業
従業員数	500名
本社所在地	大阪府大阪市
創業年	1995年
年間売上高	100億円
主要事業	ファッション、生活雑貨、食品の販売
競合企業	株式会社Ｄ、株式会社Ｅ
採用目標	年間30名の新卒採用および15名の中途採用
現在の課題	高い離職率、地域ごとの採用難、企業文化の一貫性
強み	多店舗展開、地域密着型のサービス
弱み	離職率の高さ、給与水準の低さ
長期目標	5年以内に50店舗増やし、売上高を1.5倍に

が生じ、統一性に欠けている。

これらの課題に対して、本文で学んだ理論や概念を活用し、具体的な採用戦略を提案してみよう。提案には、以下の要素を含めること。

・離職率低下のための具体的な施策
・地域ごとの採用難を克服するための対策
・企業文化の一貫性を保つための施策

人事の北極星としての「採用の9か条」

採用に強い会社が取る行動パターンを体系化

本書もいよいよ最後の項目になった。採用活動を語るときに難しいのは、最終的な成果がエントリー数といった非常に表面的な数字でしか語られないという点である。だが、企業トップや部門のリーダーが本質的に目指すべきなのはそうした目先の数字ではない。

自社の採用力の絶対値を常に上げ続けるために重要なのは、揺らがぬ行動の拠り所を持つことである。

「採用の9か条」は、ここまで述べてきた内容のすべてを、シンプルで覚えやすい「行動

採用の９か条の位置づけ

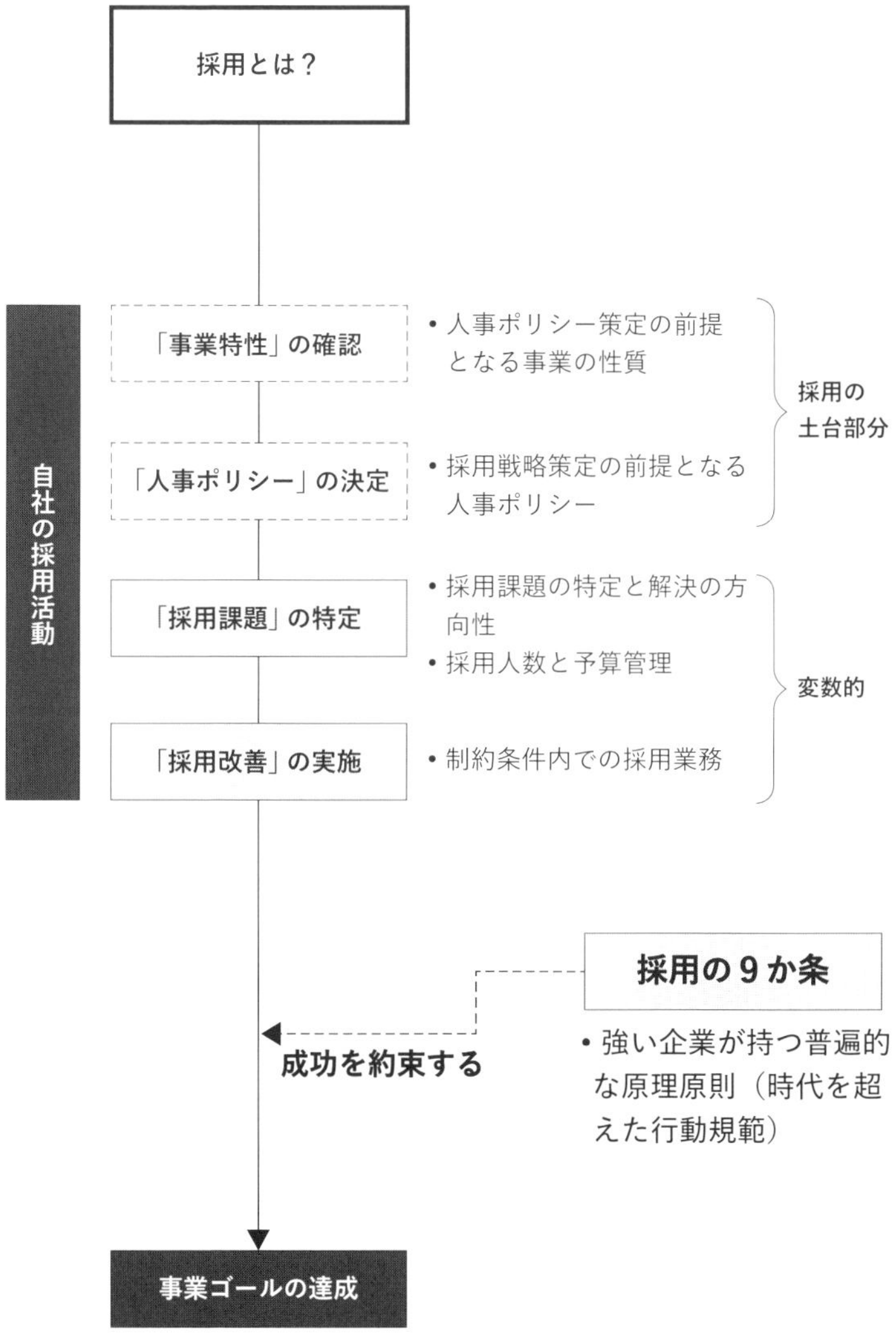

指針」に落とし込んだものだ。新卒採用も中途採用にも適用できる、すべての企業にとっての北極星のような存在だと理解してもらいたい。

採用戦略を立てる上で、どの企業も9か条との整合性が担保されている必要がある。ぜひ、常に9か条を参照しながら日常業務と向き合い、自社の採用力を根本的にレベルアップさせてほしい。

それではひとつずつ紹介して、本書を終わりにしたい。

〈採用の9か条〉

第1条　タイミングの法則：タイミングを制する者が採用を制する

採用で成功するには、タイミングを外さないことが極めて重要になる。どれだけ魅力的なオファーでもタイミングが悪ければ決まらず、反対にタイミングさえ良ければ、他社に抜けがけしていい人材を獲得できるチャンスがある。したがっていい人材は追いかけ続ける必要がある。

第2条　コミュニティの法則：
いい人材は固まる。コミュニティをおさえるべし

「自分の周りの数名の平均値が自分である」という言葉がある。いつの時代も、いい人材はいい人材同士でつるむ。情報とクチコミはそこで回る。新卒なら部活、サークル、研究室、ゼミなどに、いい人材が一人いれば周りにも必ずいる。中途でもいい人材の同期や先輩後輩には必ずいい人材が存在する。いい人材が集まるコミュニティはどこにあるのかをおさえる必要がある。

第3条　演出の法則：
新卒採用は、デザイン、オフィス、演出、採用サイトに投資せよ

採用は第一印象が重要。特に新卒採用では、資料デザイン、バナーデザイン、オフィスの立地や外観、内定出しのときの演出で歩留まりは大きく変わる。デザインやオフィス、演出を絶対にバカにしてはならない。上場企業だけで約4000社ある中で選ばれるためには、第一印象が悪いとチャンスは来ない。

第4条　ジャイアントキリングの法則：
求職者理解の徹底を怠るな。ここからジャイアントキリングが生まれる

採用活動の現場では、たまに名もないスタートアップや中小・中堅企業が業界大手や超人気企業に勝つことがある。そういった企業の採用戦略を見ると、必ず、徹底した求職者理解がベースにある。自社の候補者を徹底的に知り尽くし、フルにカスタマイズして採用ストーリーを組み立てている。採りたい人物はどんな人生を歩み、どんな意思決定をして、どんなコミュニティに所属し、どんな企業を受けているか、何に心を動かされるのか。徹底した求職者理解にもとづいた一手のみが逆転勝利を生む。

第5条　企業イメージの法則：
企業イメージへの投資を怠るな。特に大量採用の成否はイメージが決める

非常に少数の採用の場合、企業イメージへの投資は不要である。一方で、年間で数十名以上の採用を成功に導く場合、企業イメージへの投資を怠ってはいけない。企業イメージが良ければ、採用業務のオペレーションが弱くても採用人数を確保できるが、逆は存在しない。現場の努力だけでは、大量の人数の採用を成功に導くのはかなり厳しい。

第6条　給与・待遇の法則：初任給、平均年収、ボーナス、家賃補助について人は話したがる。自社を知ってもらうための武器として使え

年収情報は電子シグナル（信号）のように遠くまで届く。組織風土や事業内容の良し悪しと違い、年収（＝金）は国境を超えても比較ができる。特に人が裏で好んで話す金の話は4つある。高い年収、高い初任給、高いボーナス、高い家賃補助である。これら4つでの優位性はそれだけで話題になり、自社を知ってもらう広報効果になる。武器は使うべきだ。

第7条　人材輩出企業の法則：人材輩出企業のイメージを一度でも獲得すれば、人々はそれを一生忘れず他人に語る

「○○企業出身者は優秀」という人材輩出企業のイメージは、なぜか人の脳裏にこびりつく。このイメージを一度持った人は、ほぼ一生忘れない。加えて、在籍する人はこのイメージに誇りを持ち、辞めた人すらも、宣伝部長になってくれる。採用と育成によってこ

れを人事は目指すべきである。

第8条　関係性の法則：徹底的に人間関係を見せよ。社員と社員、上司と部下、自社と他社の関係性こそが、最強のコンテンツになる

人が最も面白いと思うコンテンツは、人間関係の中にある。社員と社員の関係性、上司と部下の関係性、自社と他社の関係性。コンテンツで勝つには、関係性を見せる必要がある。優れた映画や小説、マンガを見ればわかるが、関係性の深さや関係性の変化に人はドラマを感じ、強い興味を持つ。したがって、強いコンテンツを生み出すには、人間関係を見せるべきである。

第9条　トップ人材確保の法則：トップの人材は、トップの人材にしか口説けない

「一流の人材は一流の人材と働きたがるが、二流の人材は三流の人材と働きたがる」という格言がある。本当にトップの人材を採りたいのであれば、トップの人材が採用にコミットし、追い続けるしかない。ほどほどの人材で妥協しないためには、トップが採用にコ

ミットする必要がある。

	解説	チェック
	就職や転職はタイミングが非常に重要。どれだけ魅力的なオファーでもタイミングが悪ければ決まらず、反対にタイミングさえ良ければ、他社に抜けがけしていい人材を獲得できるチャンスがある。したがって、いい人材は追いかけ続ける必要がある。	✓
	いい人材はいい人材同士でつるむ。情報とクチコミはそこで回る。新卒なら部活、サークル、研究室、ゼミなどに、いい人材が一人いれば周りにも必ずいる。中途でもいい人材の同期や先輩後輩には必ずいい人材が存在する。いい人材が集まるコミュニティはどこにあるのかをおさえる必要がある。	✓
	採用は第一印象が重要。特に新卒採用では、資料デザイン、バナーデザイン、オフィスの立地や外観、内定出しのときの演出で歩留まりは大きく変わる。上場企業だけで約4000社ある中、選ばれるために、第一印象が悪いとチャンスは来ない。	✓
	小さい企業やベンチャー企業が大手企業や超人気企業に勝つには、徹底した求職者理解がベースになる。採りたい人物はどんな人生を歩み、どんな意思決定をして、どんなコミュニティに所属し、どんな企業を受けているか、何に心を動かされるのか。徹底した求職者理解にもとづいた一手のみが逆転勝利を生む。	✓
	数十名以上の採用を成功に導く場合、企業イメージへの投資を怠ってはいけない。企業イメージが良ければ、採用業務のオペレーションが弱くても採用人数を確保することができるが、逆は存在しない。現場の努力だけでは、大量の人数の採用を成功に導くのはかなり厳しい。	✓
	年収情報は電子シグナル（信号）のように遠くまで届く。組織風土や事業内容の良し悪しと違い、年収（＝金）は国境を超えても比較ができる。特に人が好んで話す、高い年収、高い初任給、高いボーナス、高い家賃補助はそれだけで話題になり、自社を知ってもらう広報効果になる。武器は使うべきだ。	✓
	「〇〇企業出身者は優秀」という人材輩出企業のイメージは、人の脳裏にこびりつく。このイメージを一度持った人は、ほぼ一生忘れない。在籍する人はこのイメージに誇りを持ち、辞めた人すらも、宣伝部長になってくれる。人材輩出企業のイメージは一生の企業資産になる。採用と育成によってこれを人事は目指すべきである。	✓
	人が最も面白いと思うコンテンツは人間関係の中にある。社員と社員の関係性、上司と部下の関係性、自社と他社の関係性。コンテンツで勝つには、関係性を見せる必要がある。優れた映画や小説、マンガを見ればわかるが、関係性の深さや関係性の変化に人はドラマを感じ、強い興味を持つ。	✓
	「一流の人材は一流の人材と働きたがるが、二流の人材は三流の人材と働きたがる」という格言がある。本当にトップの人材を採りたいのであれば、トップの人材が採用にコミットし、追い続けるしかない。ほどほどの人材で妥協しないためにはトップが採用にコミットする必要がある。	✓

採用の９か条（チェック用）

	メッセージ	法則
1	タイミングを制する者が採用を制する	タイミングの法則
2	いい人材は固まる。コミュニティをおさえるべし	コミュニティの法則
3	新卒採用は、デザイン、オフィス、演出、採用サイトに投資せよ	演出の法則
4	求職者理解の徹底を怠るな。ここからジャイアントキリングが生まれる	ジャイアントキリングの法則
5	企業イメージへの投資を怠るな。特に大量採用の成否はイメージが決める	企業イメージの法則
6	初任給、平均年収、ボーナス、家賃補助について人は話したがる。自社を知ってもらうための武器として使え	給与・待遇の法則
7	人材輩出企業のイメージを一度でも獲得すれば、人々はそれを一生忘れず他人に語る	人材輩出企業の法則
8	徹底的に人間関係を見せよ。社員と社員、上司と部下、自社と他社の関係性こそが、最強のコンテンツになる	関係性の法則
9	トップの人材は、トップの人材にしか口説けない	トップ人材確保の法則

おわりに

「なぜ、この本を書いたのか？」

と問われたら、「採用の教科書となるような1冊を作りたかったから」と私は答えます。

私自身も、かつて自社の採用部門の責任者をしていました。ゼロから採用組織を立ち上げ、上場後まで率いてきました（本書は「採用支援する側」としての経験と、「採用を実践する側」としてのデータと経験の2つが裏付けになっています）。

当時から日々感じていたのは「なぜこんなにも採用って、再現性が低いのだろう？」という課題感でした。

たとえば、候補者を目の前にして、どうやれば自社に確率高く興味を持ってもらい、最終的に入社してもらいやすいのか？　母集団形成は何にいくらどう投資すればいいのか？　何を強化すれば採用の成果が安定するのか？　説明会では何をどう話すことが正解なのか？　何より、根本的に人が人と働きたいと思う理由は何なのか。それらの答えは、ブラックボックスそのものでした。

たくさんの書籍を読み漁り、他社の事例を参考にしました。

一方で読めば読むほど、体系立った理論や概念が、実は世の中にはないのではないか、と感じるようになりました。前年踏襲の手法をベースになんとなく採用活動を実施しているケースや、表面的なクリエイティブや他社事例を分析するにとどまっているケースが多い印象を受けました。

何より、人事ポリシーや事業特性といった「経営の根本」に紐づく採用理論がない。その中で、現場人事担当者は暗中模索しながら、日々の業務をこなさざるをえない状態になっている。結果、経営と人事の溝が必要以上に広がってしまっている。このことに課題を強く感じました。

本書は、事業と組織、経営と採用を接続する1冊にしたい、と思ってまとめあげました。経営者と人事担当者、採用リーダーと事業部といった、下手をすれば対立さえしかねない両者が同じ方向を向き、日々の業務にコミットできる。採用の共通言語となる。困ったときの辞書のような存在になる。

本書がそんな一助になればとてもとても嬉しいです。


最後に本書を作成するにあたって、非常に多くの方にアドバイス・意見をいただきました。

まず、本書の構想段階から意見をいただいた、亀澤順子氏、中川陵氏、長谷川嵩明氏に深く感謝いたします。続いて、宮下尚之氏、長澤有紘氏、井上茉悠氏、松本篤志氏、寺口浩大氏、小川勇輔氏、若山隼佑氏、多田薫平氏、小川拓実氏、岩田周氏、林裕人氏、市川耕平氏、二宮智氏、成田智哉氏、伊藤涼氏、伊藤哲宇氏、小林大介氏、宮川倫瑠氏、山口莉歩氏、矢野優歌氏、岩本俊亮氏、江副廉人氏、神田奈緒氏、片岡寛登氏、本田優氏、佐藤由貴氏、宮本欽崇氏、石川広華氏、木村智明氏、大村瑞帆氏、長谷川剛史氏、小川侑希氏、鈴木維氏、伊東早紀氏、山口拓弥氏、厚地峻一氏、武田文哉氏、瀧井礼子氏、高橋淳一氏にも本書完成に向けて、ご協力いただきました。

最後に、いつも支えてくれている家族や親族にも深く感謝いたします。妻の綾華には本著の執筆中に第一読者として、人事経験者としての貴重なアドバイスをもらいました。彼女の支援がなければ本作は完成しませんでした。いつもありがとう。

2024年9月

北野唯我

ケーススタディの解答例

〈株式会社A〉

1　採用コスト削減のための具体的な施策

株式会社Aは、現在、採用活動において広告費や採用エージェントへの支出が増加している。これを削減するために、以下の施策を提案する。

- **社員紹介制度（リファラル）の強化**

現職社員からの紹介制度を強化する。社員紹介に対してインセンティブを提供し、社員自らがリクルーターとなることで、信頼性の高い候補者を低コストで採用できる。

●やった気になるが成果につながらない業務の削減

採用プロセスにおいて、成果に直結しない業務を徹底的に見直し、削減する。たとえば、重複する面接ステップや無駄な会議を排除する。採用チームの時間とリソースを最適化し、コストを削減する。

●セグメンテーションの具体化

求職者のセグメンテーションを具体化し、CEP（Category Entry Point）を絞り込む。これにより、ターゲット層に絞った効率的な採用活動が可能となり、無駄な広告費を削減できる。具体的には、求職者のスキルセットやキャリア志向を細分化し、最適な採用スケジュールとチャネルを選定する。

2　内定辞退率を低下させるための対策

内定辞退率を低下させるためには「フォローアップ施策」の強化が必要。求職者との関係性を強化し、企業の魅力をより効果的に伝える必要がある。

・オファーのパーソナライズ

内定通知時に、求職者のニーズや希望に合わせたパーソナライズドオファーを提供する。具体的には、柔軟な勤務時間やリモートワークのオプション、キャリアパスの提示など、個々の求職者に最適な条件を提案する。

・内定者フォローアッププログラムの導入

内定者に対して、定期的なフォローアップを行うプログラムを導入する。たとえば、内定者向けの交流イベントや、既存社員とのメンタリングセッションを設けることで、内定者の不安を解消し、企業へのロイヤルティを高める。

・企業のビジョンと価値観の共有

内定通知時に、企業のビジョンや価値観を明確に伝える。内定者向けの「事業理解コンテンツ」や「社員・社風理解コンテンツ」を作成し、求職者が企業のミッションに共感し、自身のキャリアビジョンとの一致を感じることで、内定辞退のリスクを減少させる。

3　企業イメージ向上のためのマーケティング戦略

企業イメージの向上は、求職者のエントリー数を増加させるために重要である。

●インターンシップを軸にした体験施策の導入

インターンシッププログラムを強化し、求職者に実際の業務体験を提供する。これにより、求職者は企業の雰囲気や働き方を理解しやすくなり、企業の魅力を直接体感する機会が増える。良いクチコミが評判を生むことを狙う。

●採用サイトのリニューアル

採用サイトを魅力的にリニューアルする。求職者が企業の文化や価値観を理解しやすいように、ビジュアルコンテンツやインタラクティブな要素を取り入れる。また、モバイルフレンドリーなデザインにすることで、幅広い求職者にアピールする。

●企業イメージの価値の整理と訴求

自社の企業イメージを明確にし、その価値を求職者に訴求するために、RTB（Reason to Believe）を整理する。具体的には、企業の強みや成功事例をデータや証拠にもとづいて明示し、求職者に対して信頼性の高い情報を提供する。

以上の施策を実行することで、株式会社Aは採用コストを削減し、内定辞退率を低下させ、企業イメージを向上させることができると考える。

〈株式会社B〉

1　離職率低下のための具体的な施策

株式会社Bは、特に若手社員の離職率が高く、採用してもすぐに辞めてしまうケースが多い。この問題を解決するために、以下の施策を提案する。

•フォローアップ／オンボーディングプログラムの強化

新入社員が早期に会社に馴染むためのオンボーディングプログラムを強化する。具体的には、内定期間にメンター制度を導入する。メンターが入社後も定期的に接点を持つことで、新入社員は職場環境に適応しやすくなる。

・キャリアパスの明確化

社員が自身のキャリアパスを入社前後から明確に描けるようにする。定期的なキャリア相談や「キャリアパス・人事制度理解コンテンツ」を通じて、社員の目標設定とその達成方法を具体的に示す。これにより、社員のモチベーションを高め、離職率の低下につなげる。

・事業特性と人事ポリシーにもとづく採用基準の見直し

具体的には、事業のニーズに合ったスキルセットや価値観を持つ人材を重視する採用基準を設定する。これにより、企業文化に適した人材を効率的に採用し、長期的な定着を促進する。

2　地域ごとの採用難を克服するための対策

特に地方の店舗では、応募者数が少なく、採用活動が困難な状況が続いている。この問題に対処するために、以下の施策を提案する。

●地域密着型イベント・説明会・インターンの開催

地域ごとにリクルーティングイベントを開催し、地域密着型の採用活動を強化する。地元の大学や専門学校との連携を深め、インターンシップや説明会を積極的に実施する。これにより、地元の優秀な人材を発掘しやすくなる。

●求人への徹底的な改善

地方の求職者に対して効果的な求人広告を展開する。具体的には、求人原稿のタイトルやデザインの細かい修正を繰り返し、応募者数の増加を図る。地域特化型のメディアやSNSを活用し、地元の求職者にアプローチする。

●地域ごとの体制の最適化

地域ごとの「採用マーケティング戦略」「オペレーション担当」「フォローアップ体制」を最適化する。地域特性や求職者ニーズに応じた採用マーケティングを展開し、応募者へのフォローアップを徹底することで、効果的な採用活動を実現する。

3　企業文化の一貫性を保つための施策

全国に多くの店舗を展開する中で、各店舗間の企業文化の違いが生じている。この問題に対処するために、以下の施策を提案する。

- **社員／社風理解コンテンツの強化**

全社的に共通の企業文化を共有するために、社員・社風理解コンテンツを強化する。具体的には、企業のビジョンやミッション、成功事例を全社員と共有するためのコンテンツを作成し、共有する。これにより、社員全体の一体感を醸成する。

- **社員体験クチコミの可視化を踏まえた採用改善**

社員体験にもとづくクチコミを可視化し、そのフィードバックをもとに採用施策を改善する。社員の生の声を反映した採用プロセスを設計し、求職者に対して透明性のある情報を提供することで、企業文化の一貫性を保つ。

- **企業文化を反映した採用基準の設定**

採用基準に企業文化を反映させる。採用プロセスにおいて、候補者が企業の価値観やビジョンに共感できるかどうかを重視する。これにより、企業文化に適した人材を採用しやすくなる。

以上の施策を実行することで、株式会社Bは離職率を低下させ、地域ごとの採用難を克服し、企業文化の一貫性を保つことができると考える。これにより、優秀な人材を確保し、企業の成長を支える強固な人材基盤を築くことができる。

［著者］

北野 唯我（きたの ゆいが）

株式会社ワンキャリア 取締役 執行役員CSO。兵庫県出身。神戸大学経営学部卒。就職氷河期に新卒で博報堂へ入社し、経営企画局・経理財務局で勤務。米国・台湾留学後、外資系コンサルティングファームを経て、2016年ワンキャリアに参画、現在取締役 執行役員CSO。作家としても活動し、デビュー作『このまま今の会社にいていいのか?と一度でも思ったら読む 転職の思考法』（ダイヤモンド社）、『天才を殺す凡人』（日本経済新聞出版）など、著作の累計部数は40万部を超える。
ワンキャリアは2021年10月、東京証券取引所マザーズ市場（現グロース市場）に上場。累計3000社以上の企業の採用支援実績があり、累計180万人の求職者に利用されてきた。新卒採用領域の採用プラットフォーム「ONE CAREER」は2020年から4年連続で日本で2番目に学生から支持され、東京大学、京都大学の学生の利用率は95%となっている。

「うちの会社にはいい人が来ない」と思ったら読む **採用の問題解決**

2024年９月24日　第１刷発行

著　者――北野唯我
発行所――ダイヤモンド社
〒150-8409　東京都渋谷区神宮前6-12-17
https://www.diamond.co.jp/
電話／03･5778･7233（編集）　03･5778･7240（販売）

ブックデザイン―小口翔平＋村上佑佳（tobufune）
本文デザイン―布施育哉（ダイヤモンド社）
本文DTP･図版作成―エヴリ・シンク
校正――――聚珍社
製作進行――ダイヤモンド・グラフィック社
印刷・製本―三松堂
編集担当――田中怜子

ISBN 978-4-478-12091-0